마중물독서 3

배움과 미래에 대하여

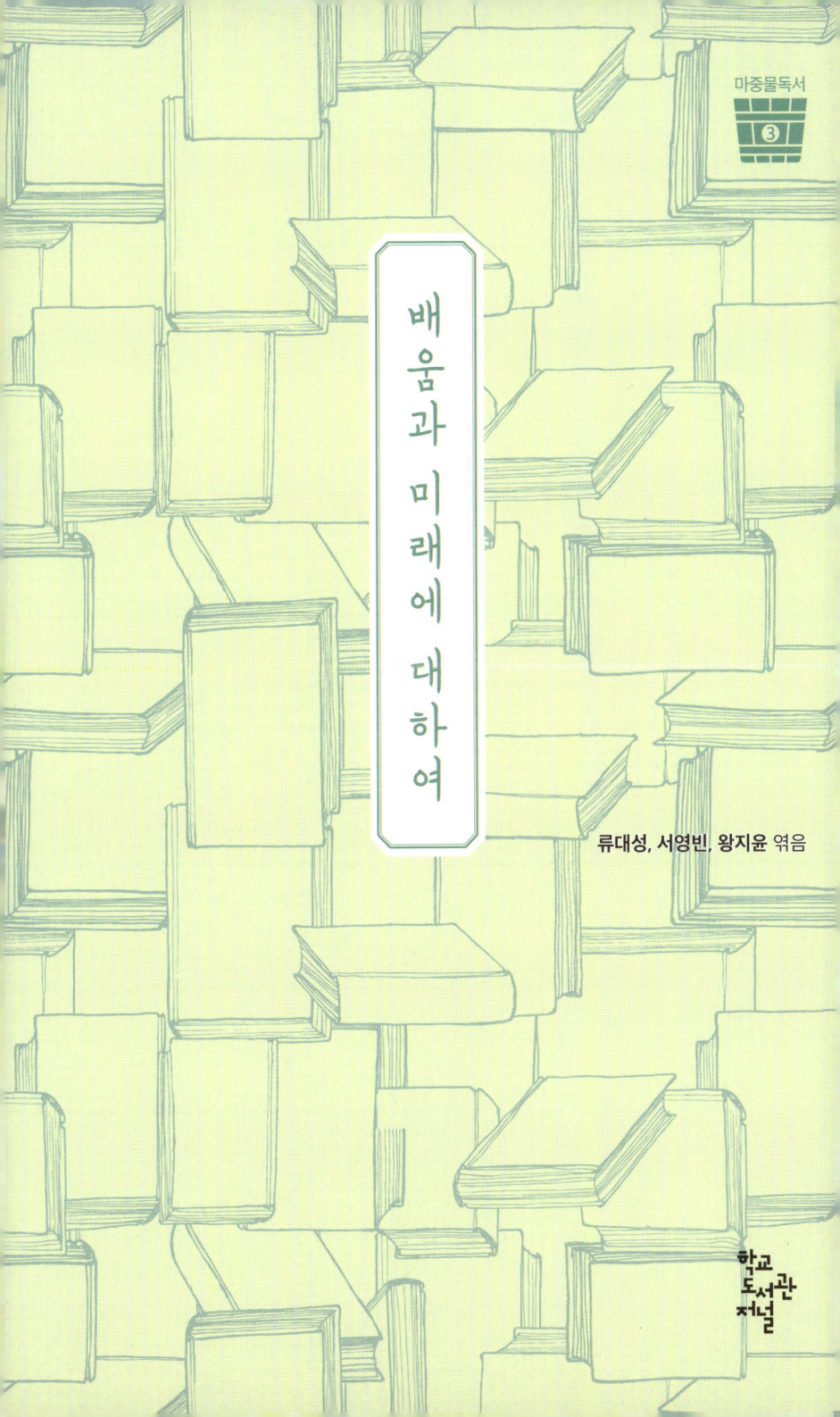

머리말

책과 멀어진
그대에게

오늘도 정신없이 바쁜 하루였죠? 정신없이 흘러가는 일상이지만 뉴스도 챙겨봐야 하고, 실시간 검색어도 놓칠 수 없습니다. 남들보다 뒤처지지 않으려고 안간힘을 쓰고 경쟁에서 탈락하지 않기 위해 몸부림칩니다. 4차 산업혁명 시대가 온다는데 인공지능과 로봇이 내 일자리를 뺏어가는 건 아닌지 걱정도 되지요. 사람들은 앞으로 달려가고 세상은 빛의 속도로 발전하는데 나만 제자리인 것 같아 또 불안해집니다. 이런 세상에서 책이라니요?

공부, 진로, 취업, 연애, 결혼, 육아, 노후… 우리가 살면서 걱정하고 고민해야 할 현실적인 일들이 산더미만큼 쌓여 있습니다. 그리고 책 읽기는 안드로메다만큼 멀게만 느껴집니다. 모르는 게 있으면 스마트폰이 해결해주고 '베프'와 이야기 나누는 게 훨씬 도움이 되는 것 같습니다.

이런 현실에서 나를 행복하게 해주는 것은 무엇인가요? 사랑하는 사람을 만나고, 가족과 시간을 보내고, 친구과 수다를 떨고, 재미있는 드라마나 영화를 봅니다. 때로는 여행을 떠나 잠시 자유를 만끽하기도 하죠. 하지만 그 순간도 잠시일 뿐 근본적으로 우리네 삶이 달라지지는 않습니다. 열심히 자기계발에 몰두하고 부동산과 재테크에 열을 올려도 인생은 왜 확 바뀌지 않는 걸까요? 어쩌면 삶의 목적과 방법을 잘못 설계했기 때문은 아닐까요? 이렇게 느끼는 분들에게 책 읽기를 권합니다.

책을 읽는 시간은 나와 오롯이 대면하는 고독의 시간입니다. 스마트 시대에 수많은 사람들과 관계를 맺고 사는 우리는 자신을 돌아볼 시간이 부족하지요. 책 읽기는 그런 속도전의 시간에서 벗어나 내가 누구인지 돌아보고, 나의 생각과 욕망에 대해 들여다보는 순간을 선사합니다. 나를 돌아보고 내가 어떤 사람인지 알면 세상을 주체적으로 살아갈 수 있는 힘이 생기죠. 책 읽기를 통해 사람과 세상을 보는 눈도 달라지고요. 무엇보다 책 읽는 '재미'는 포기할 수 없는 인생의 즐거움 가운데 하나입니다. 책의 내용을 머릿속에서 그리며 작가와 대화를 나누는 동안 영화를 보거나 게임을 하는 것과는 또 다른 즐거움을 느낄 수 있을 겁니다. 스트레스를 해소하는 가장 좋은 방법이 '독서'라는 연구 결과는 너무나 유명한 얘기이죠. 바쁘고 정신없는 일상이지만 틈틈이 책을 읽으며 새로운 생각이 떠오르고 사고가 확장되는 경험을 여러분이 해보았으면 좋겠습니다.

'마중물 독서' 시리즈는 책과 멀어진 사람들을 위해 준비한 기획물입니다. 보다 많은 사람들이 책 읽는 즐거움을 느낄 수 있도록 여러 사람들이 오랫동안 머리를 맞대고 고민했습니다. 쉽고 재미있고 감성적인 글들을 모으고 골랐습니다. 이별, 만남, 사랑, 우정, 배움, 미래 등 일상에서 만날 수 있는 주제들을 다양한 관점에서 살펴볼 수 있도록 글들을 엮었습니다. 무엇보다 책 읽기를 어려워하는 사람들에게 부담이 없는 글이어야 한다는 것에 우리는 의견을 모았습니다. 부디 천천히 음미하면서 책 읽기에서 얻을 수 있는 기쁨과 행복을 느끼길 바랍니다.

물론 이 책을 읽는다고 해서 갑자기 세상이 핑크빛으로 보이지는 않을 겁니다. 다만 책 읽기의 즐거움을 아는 징검다리로 이 책을 활용해보시기 바랍니다. 여유로운 시간에 짧은 글을 한 편씩 읽다 보면 일상에서 부딪히는 다양한 인간사, 세상사에 대해 알게 될 것입니다. 다른 이야기, 다른 책으로 독서를 넓혀가고 싶어질 것입니다. 그렇게 가볍게 시작한 독서가 보다 깊고 넓은 독서로 확장된다면 이 시리즈는 성공이라 할 수 있습니다.

3권 『배움과 미래에 대하여』는 공부와 진로에 관한 이야기를 담았습니다. 배움은 미래를 여는 열쇠이며, 미래는 더 큰 배움으로 우리를 인도합니다. 학교를 떠나서도, 아니 삶의 매 순간은 배움의 연속이라 할 수 있겠지요. 여러분들이 시험 정답을 잘 맞추는 공부만이 아닌 자기 삶의 주인이 되는 방법을 모색했던 이들의 이야기를 읽으며 진짜 공부란 무엇인지 돌아보는 계기가 되었으면 좋겠습니다.

요즘은 청소년들뿐만 아니라, 성인들도 진로와 직업, 미래에 대한 고민이 많지요. 삶의 방향을 잘 설정하려면 '나는 어떻게 살고 싶은가'라는 물음과 함께 미래 사회의 변화에 대해서도 잘 대비해야 할 것입니다. 다행히도 많은 사람이 이런 고민을 같이 하고 있습니다. 협동조합, 사회적기업을 통해 세상을 좀 더 나은 곳으로 만들려는 사람들의 이야기, 인구의 감소와 기술의 발전으로 많은 일자리가 로봇으로 노동력이 대체될 미래에 우리는 어떻게 일하며 살아야 하는지에 관한 글들이 당신의 고민을 더욱 깊고 넓게 만들어주길 기대합니다.

2017년 9월

류대성

차례

머리말 | 책과 멀어진 그대에게　　　　　　　　　　5

1부 배움에 대하여

'세 개의 절망과 하나의 희망'이 있는 풍경 고미숙　　13

지구 반대편에서, 버스킹 조성욱　　28

수학과 글쓰기 홍세화　　44

덕불고德不孤, 나와 이웃을 위한 공부 김현식　　50

흙과 땀으로 꾸는 꿈 이계삼　　59

질문의 크기가 네 삶의 크기다 양희규　　69

땀에 젖은 지폐를 거부하는 사회에서 길 찾기 엄기호　　80

2부 미래에 대하여

루시드 폴은 왜 공학자 대신 음악가를 선택했을까? 임승수   117

내게 노동은 노래였다 하종강   126

한국의 협동조합을 상상하다 김현대·하종란·차형석   141

'광인수집' 이준형 대표, 허기진 청춘을 위하여… 양민경   155

빌딩 옥상에서 양봉을? 곤충과의 달콤한 동거 대작전 한이곤   161

제2의 기계시대, 내 직업은 10년 뒤에도 살아남을 수 있을까   179
구본권

인구쇼크의 시나리오 KBS <명견만리> 제작진   200

'세 개의 절망과 하나의 희망'이 있는 풍경

고미숙

🌢 맹목의 질주 — "아무 이유 없어!"

"공부를 왜 하지?"

"돈 많이 벌려구요."

"얼마나 벌고 싶은데?"

"한 10억쯤 있음 좋겠어요."

"지금도 잘사는데 왜 그 돈이 필요해?"

"……"

"예전엔 다들 가난해서 대학 가서 고시를 보거나 좋은 회사에 취직하는 것 말고는 먹고살 방법이 없었어. 하지만 지금은 다들 잘살잖아? 근데 왜 돈을 위해 공부를 하지?"

"음…. 암튼 10억쯤 있음 마음이 든든할 거 같아요."

지방 소도시 한 중학교 '영재학급'에서 주고받은 대화다. 툭 까놓고 말을 하지 않는다 뿐이지 거의 비슷한 상황이다. 지역과 나이, 성별을 불문하고 아무나 붙들고 물어보라. 왜 그렇게 열나게 공부하는지를. 그러면 거의 90퍼센트쯤은 이런 답변이 튀어나올 것이다. 학교를 죽어라고 다니는 이유, 학원에 과외에 각종 사교육 시장을 분주하게 뛰어다니는 이유, 일류대학 명문학과를 기필코 가야 하는 이유, 그 모든 욕망의 뿌리는 10억(혹은 그 이상)이라는 돈이다.

잠깐 옆으로 새는 이야기 하나. 2004년 가을, 잠시 미국 동북부에 있는 이타카Ithaca라는 전원도시에 체류할 기회가 있었다. 인디언들의 터전이었던 곳답게 이타카는 깊고 그윽한 숲, 신비로운 호수와 계곡으로 둘러싸인 아주 아름다운 곳이었다. 난생처음 미국 땅을 밟은 데다 영어에는 완전 깡통인지라 처음 얼마간은 팽팽한 긴장 속에서 보내야 했다. 하지만 뜻밖에도 금방 현지에 적응할 수 있었다. 무엇보다 한국인이 너무 많았기 때문이다. 객원연구원인 비지팅 스칼라visiting scholar에서부터 유학생, 교포에 이르기까지 도처에 한국인, 한국어가 흘러넘치고 있었다. 이유는 간단했다. 그곳에 아이비리그에 속한 명문대학이 있었기 때문. 그 많은 한국인을 그 오지까지 불러들인 건 바로 그 대학의 힘이었다. 개마고원보다 더 높은 지대라 겨우내 눈보라에 칼바람이 몰아치는 그 오지가 그럴 정도니 뉴욕, 시카고, 보스턴은 더 말해 무엇하겠는가. 명문대학이 있는 곳, 거기는 바로 한국인이 득실거리는 곳이라 생각하면 거의 틀림이 없다.

얼마 있다가 또 하나 흥미로운 사실을 발견했다. 내가 머물던 동네는 이타카에서도 외곽에 속했는데, 특히 한국인 비지팅 스칼라들이 선호하는 지역이라 작은 코리아타운이라고 불렸다. 근데, 한국인들이 그곳에 밀집한 이유가 놀랍게도 초등학교 '학군'이 좋아서라는 것. 미국에도 학군이 있나? 게다가 그 깊은 산골에 웬 학군? 처음엔 그냥 웃자고 하는 소린가 보다 했는데 그게 아니었다. 한국인들이 그곳에 있는 몇 안 되는 초등학교를 면밀히 조사·검토한 뒤 지역별로 등급을 매겨 버린 것이다. 그리고 그 정보가 한국인들 사이에 입에서 입으로 전수되면서 아예 말뚝처럼 고정되어 버렸다고 한다. 참, 대단하지 않은가? 명문대학을 찾아 만릿길을 마다 않고 온 그 열성 하며, 언제 어디서건 학교 수준을 위계화하는 동물적 감각 하며. 과연 한국인들의 교육열은 타의 추종을 불허한다.

하기사 교육열 자체야 뭔 죄가 있겠는가. 뭔가를 배우고 싶다는 것, 그거야 오히려 인간의 자연스러운 본성에 속하는 것을. 문제는 그런 열망이 오로지 학벌과 그리고 학벌은 다시 거액의 연봉과 고스란히 오버랩된다는 사실에 있다. 아주 어린 시절부터 엘리트 교육을 받고 미국 명문대학에 진출한 유학생들 역시 특별한 꿈이나 비전을 품고 있는 경우는 거의 없었다. 의사, 변호사, 펀드매니저 등 그저 남들이 부러워할 만한 직장을 갖는 것이 전부였다. 결국 저 지방 영재학급의 어린 중학생이나 이역만리 미국의 유학생이나 공부를 하는 목적은 단 하나, 10억인 셈!

그래, 좋다. 부귀공명에 대한 욕망이야 인지상정이라 치자. 문제는 그다음이다. 그 돈으로 뭘 하고 싶은데? 사실은 그게 포인트다. 돈으로 할 수 있는 일이 세상에 얼마나 많은가? 마음만 제대로 먹으면 수많은 사람들에게 행복을 선사할 수 있는 것이 돈 아닌가? 하지만 '혹시나' 했더니 '역시나', 대답은 짜고 치는 고스톱마냥 똑같다. 럭셔리한 아파트, 폼 나는 외제차, 해외여행과 골프투어, 부동산, 노후를 위한 각종 보험, 여기에 몇 년 전부턴 보장자산인가 뭔가까지 보태졌다. 이게 전부다. 아니, 하나 더 있다. 요런 삶을 자식에게 고스란히 복제하는 것. 맙소사! 고작 그걸 위해 청춘을 다 바치고, 그 고난에 찬 여정을 기꺼이 감수한단 말인가. 믿기지 않지만, 사실이다.

거의 모든 청소년이 이런 삶을 향하여 매진하고 있다. 아니, 그렇게 매진하도록 욕망을 불어넣고 있다. 누가? 가정, 학교, 국가가 삼위일체가 되어. 솔직히 말하면, 여기엔 주체와 대상의 경계가 선명치 않다. 누가 누구를 포섭하는지, 누가 누구에게 주입당하는지 분별 자체가 불가능하다. 학부모와 학생들은 학교를 탓하고, 학교는 입시제도를 탓하고, 교육부는 학교의 이기주의를 탓하고. 미워하면서 닮아 간다고, 엄청난 불신의 사슬 속에서 실제론 손에 손을 맞잡고 이 황당무계한 욕망의 구조를 재생산하고 있다.

그럼, 이제 마지막으로 이렇게 물어보자. 큰 아파트, 외제 자동차, 부동산 따위가 정말 자신을 행복하게 해줄 수 있다고 믿는가? 그러면 다들 말문이 막혀 버린다. 언제부터 그것을 욕망하게 되었는지, 또 그 욕망이 행복과 어떤 관계가 있는지 생각해 본 적이 없다. 그건 질문의 대상이 아니라 믿음의 대상이니까. 참, 미신도 이런 미신이 없다. 아마 유머감각이 좀 있는 학생이라면 이렇게 답하지 않을까. "아무 이유 없어!" 맞다. 이 욕망의 질주에는 아무런 이유도, 명분도 없다. 그저 자본과 권력이 촘촘히 깔아놓은 레일 위를 열나게 밟아갈 따름이다. 앞만 보고 달리는 맹목의 질주, 이게 우리 시대 공교육의 현주소다.

누구냐? 넌!

"왜 세미나에 빠졌어?"

"그림 그리는 거 배우러 다니느라고요."

"그림? 미술 전공하고 싶어서?"

"아니요. 그냥 배우는 거예요. 선생님들이 뭔가 선택하라고 해서."

"공부가 더 재밌는데."

"……"

얼마 후,

"그림은 재미있어? 많이 늘었니?"

"아뇨. 요즘은 무용 배우는데요."

"무용? 갑자기 웬 무용?"

"그냥요. 재밌을 거 같아서."

"미술이건 무용이건 즐길 정도가 되려면 엄청 고생해야 될걸."

"맞아요. 좀 힘들어요."

"이것저것 하지 말고 책을 읽어. 평생 피가 되고 살이 된다니까."

"……"

또 얼마 후,

"갑자기 중국 여행을 가게 돼서 세미나에 못 올 거 같아요."

"웬 중국 여행? 누구랑?"

"중국 여러 도시를 순회하는 건데요. 인터넷 동호회에서 만난 사람들이랑 같이 가요."

"도시는 다 거기서 거기야. 동경이건 뉴욕이건 대충 서울이랑 비슷하거든. 북경도 마찬가지고. 제대로 보려면 그 도시의 역사나 문화에 대해 꽤 깊이 있게 공부를 하고 가야 돼. 아님, 그냥 휘리릭 지나가는 관광밖엔 안 된다구. 그 도시들에 대해 특별히 관심 있어?"

"아뇨. 실은 친구들이 다 유럽 여행 다녀왔다고 하니까 나도 어딘가 가야 될 거 같아서요."

"맙소사! 당장 때려쳐! 그 시간에 책이나 읽어!"

"……"

검정고시를 거쳐 고등학교 과정을 마친 다음, 현재 대안학교 코스를 밟고 있는 한 학생과의 대화다. 공동체에서 함께 세미나를 하다 보니 이런 이야기를 주고받게 되었다. 보다시피 이 학생은 공교육의 억압과 입시의 구속에서 벗어나긴 했는데, 막상 뭘 해야 할지 목표나 방향이 없다. 이 학생이 누리는 자유는 막연하고, 그래서 막막하기 그지없다. 그간 우후죽순처럼 생겨난 홈스쿨링과 대안학교가 거의 이런 식의 문턱에 봉착해 있다. 물론 이 학교들은 대개 생태, 공동체, 다양성 등을 교육의 모토로 내세우긴 한다. 하지만 그 가치들이 과연 학생들에게 절실한 물음으로 탐구되고 있는지는 의심스럽다.

2006년 가을 우리 공동체에서 '교육의 탈근대적 비전'이라는 주제로 심포지엄을 한 적이 있었다. 거기에 참여했던 한 대안학교 학생이 물었다. "우리 학교의 이념이 상생과 공존이라는데, 솔직히 그게 왜 중요한지 잘 모르겠어요." 맞다. 이념이란 선언되는 것이 아니라, 삶 속에서 표현되어야 한다. 그 학생의 질문은 그런 가치가 옳으냐 그르냐가 아니라, 그게 지금 자신의 삶과 어떻게 연결되는지 도무지 감이 잡히지 않는다는 의미였다. 달리 말하면, '상생과 공존'이라는 가치가 그저 이념 혹은 구호로서 표류할 뿐, 학습의 장에서 치열하게 연마되고 있는 건 아니라는 뜻이기도 하다.

그런 점에서 보면, 제도교육의 부조리보다 대안교육의 부재가 훨씬 더 심각하다. 솔직히 동서고금을 막론하고 입시제도의 모순이나 출세 지향적 학문, 과열경쟁 등은 늘상 존재해 왔다. 한 시대를 열어젖힌 전위적 지식은 언제나 그 같은 주류적 풍토에 맞서고자 하는 열정으로부터 비롯되지 않았던가. 한데 우리 사회에는 지난 10여 년간 상당수의 대안학교와 그 비슷한 공간들이 만들어졌지만, 대부분 그저 유행을 좇아가거나 아니면 낡은 틀을 답습하고 있는 실정이다. 대안 없는 대안교육이라? 말장난 같겠지만, 엄연한 사실이다.

그리고 더 근본적인 건 대안교육이 전혀 대안적 삶을 창안하지 못하고 있다는 사실이다. 대안학교의 장점은 부모와 교사, 학생 사이의 능동적 네트워크가 가능하다는 데 있다. 한데 이 장점이 가장 큰 단점이 되기도 한다. 지금의 가족제도는 기본적으로 과잉보호를 특징으로 한다. 그런데 그것이 학교에까지 연장될 경우 새로운 주체의 형성에는 치명적 결함이 될 수 있다. 즉 학생들이 몇 겹의 보호막에 둘러싸여 '내적 동력을 갈고닦을' 기회를 잃어버릴 수 있는 것이다. 따라서 대안학교가 진정 대안이 되려면 가족의 지평을 넘어서는 공동체적 비전이 있어야 한다. 아울러 그 비전이 학습의 장에서 치열하게 연마되어야 한다. 하지만 솔직히 이 점에선 전망이 그닥 밝아 보이지 않는다. 그러니 마음의 거처가 없을 수밖에. 정처 없이 여기저기를 떠도는 동안 그들의 청춘은 무기력하게 소진된다. 그들은 말한다. "난 나야. 내가 원하는 건 뭐든지 할 거야." 부모와 학교도 동의한다. 하지만 그들은 다시 묻는다. "근데, 내가 원하는 게 뭐지? 내가 무엇을 욕망하는지 말해줘." 아무도 답하지 못한다. 학교도 부모도 교사들도. 결국 영화 〈올드 보이〉의 유명한 대사처럼, 그들은 자신을 향해 이렇게 묻는다. "누구냐? 넌!" 이것이 공교육 저편에 있는 대안교육의 현주소다.

🔸 대학은 죽었다!

맹목적 질주를 하건 정처 없이 방황을 하건 10대들의 다음 스텝은 거의 다 대학이다. 그럼, 과연 대학의 풍경은 어떨까? 한마디로 '맛이 간' 지 오래다. 교수들은 말한다. "요즘 대학생들은 연애랑 고시 말고는 관심이 없어." 학생들은 말한다. "교수들은 회의랑 프로젝트 말고는 하는 일이 없어." 학생들은 교수를 스승으로 여기지 않고, 교수들 역시 학생을 지적 동반자로 여기지 않는다. 한마디로, 지금 대학에는 사제관계가 존재하지 않는다. 아니, 그 이전에 사제관계라는 말 자체가 사라졌다. 사제관계가 없는 대학大學이라? 형용모순!

둘러보면 사방에 대학이 널렸다. 시설도 기막히게 좋아졌다. 또 1980년대처럼 학생회관 서클실에 죽치고 앉아 혁명이 어쩌구 변증법이 어쩌구 하면서 학점 알기를 개코같이 여기는 학생들도 거의 없다. 그러기는커녕 요즘 학생들은 출석 체크, 학점 관리에 목숨을 건다. 교수들도 그렇다. 1970~80년대처럼 휴강을 밥 먹듯 한다든가 수업을 '만담'으로 대충 때운다든가 하는 건 엄두조차 내지 못한다. 말하자면, 학생이건 교수건 건전하고 착실한 대학의 주체가 된 셈이다. 그런데 사제관계가 증발되었다고? 그렇다! 모든 것이 갖추어졌건만 오직 하나, 교수와 학생을 '스승과 제자'로 엮어 주는 지적 파토스가 사라져 버렸다. 선후배 간의 지적 유대가 깨어진 건 더 말할 나위도 없다.

따라서 이제 대학에선 패기에 찬 논쟁도, 활발한 소통도 찾아볼 길이 없다. 고로 대학은 더이상 '큰 배움터'가 아니다. 그럼 대학생들은 대체 뭘 하냐구? 취직에 올인하고 소비의 그물에 걸려 허우적대고, 노후 대책에 골몰한다. 청년이라 하기엔 너무 늙어 버린 그들.

그런 점에서 우리 시대의 대학은 놀라울 정도로 균질적이다. 일류건 이류건, 서울이건 지방이건, 인문학이건 자연과학이건, 모든 대학, 모든 학문이 동일한 욕망과 비슷한 능력의 주체들을 생산해 낸다. 이들은 전통적인 인텔리들과는 전혀 다른 집단이다. 기존의 인텔리들이 자본과 권력에 '봉사'해 왔다면, 이들 신종 지식인들은 '자본, 권력, 지식'의 혼연일체를 구현한다. 이름하여 '테크노크라트'들. 이렇게 되면 결국 대학에서 지식이 존재할 공간은 사라지고 만다. '지식의 공간'이 없는 대학? 그건 마땅히 존재할 이유도, 가치도 없다!

그럼에도 대학은 지식을 증발시키는 이런 배치를 더욱 가열하게 몰아붙일 기세다. 하지만 그것은 결국 20세기 이래 한국사회를 지배해 온 '근대적 지식'의 종말이자 그것의 모태였던 '대학의 죽음'으로 이어질 것이다. 이미 그 징후는 도처에서 출현하고 있다. 지식인의 종말, 대학의 사망을 알리는 '명석판명한' 징후들이.

대중지성—"잡초는 범람한다"

"대학도 못 나왔는데요."
"뭐? 그럼."
"네, 고졸이에요."

공동체에서 함께 공부하는 후배와의 대화 내용이다. '흠, 참 어렵게 자랐구나. 오죽 형편이 어려우면 남들 다 가는 대학도 못 가고…'라고 동정과 연민을 보내려는 찰나, "공부를 너무 못해서 못 갔어요. 전교에서 꼴찌를 두 번이나 했걸랑요." 허걱! 한편 경악스럽고, 한편 경이로웠다.

먼저 경악스러운 이유. 고졸에다 전교 꼴찌의 경력으로 그 빡세다는 '강학원 주제학교'와 '대중지성' 과정을 버젓이 다니고 있다니. 박사 출신들도 버티지 못하고 중도에 하차하곤 하는데, 이거 뭐 순 괴물 아냐?

다음, 경이로웠던 이유. 태어나서 전교 꼴찌는 첨 봤다. 전교 일등은 누구나 다 안다. 아니, 그들은 어딜 가도 티가 난다. 하지만 전교 꼴찌는 담임 선생 말고는 아무도 모르지 않는가. 심지어 본인도 모를 가능성이 크다. 대개 전교 꼴찌들은 성적표를 제대로 보지 않는 법이니까. 또 가족들도 그저 학교만 졸업해다오, 뭐 이런 식일 테니. 아, 그런 녀석이 명색이 지식인 공동체에 들어와 야코가 죽기는커녕 기세등등하게 활개를 치고 있으니 말이다.

바로 여기에 앞에 제시된 절망적인 세 개의 풍경을 극복할 희망이 있다. 학교가 자본과 권력의 욕망에 달라붙은 '기식자'(테크노크라트)들을 양산해 내는 동안, 그 외부에서는 전혀 다른 유형의 지적 욕망들이 꿈틀거리고 있다. 이름하여 대중지성! 꿀벌이나 개미 떼처럼 언제나 무리로 움직이고, 오직 네트워크를 통해서만 자신의 존재를 표현한다는 점에서 대중지성은 '무리지성'이기도 하다. 대중보다 더 대중적이고, 지식인들보다 더 지성으로 충만한 집단. 테크노크라트들이 '지식, 자본, 국가'의 삼위일체 속에서 유지인더면, 대중시성늘은 그 외부에서 '지성의 교해敎海'에 몸을 던진다.

여기에선 성적과 자격증, 사회적 통념과 위계 따위는 아무런 효과도 발하지 못한다. 대중지성을 움직이는 힘은 오직 앎에 대한 열정이다. 생명과 존재, 삶과 세계에 대한 끊임없는 물음들, 그것만이 그들을 지배한다. 그들은 외친다. 학벌, 자격증, 기득권 따윈 필요 없어! 우린 다만 앎에 목마르고, 공부에 굶주렸을 뿐이라고.

물론 이 열정은 다양한 스펙트럼을 지니고 있다. 고립감에서 벗어나고픈 욕망도 있고, 못다 한 학문에 대한 보상심리도 있다. 혁명에 대한 향수도 있고, 구도에의 열망도 있다. 요컨대 거기에는 아주 잡다한 흐름이 뒤섞여 있다. 주체들 역시 뒤죽박죽이다. 전공이나 분과의 경계는 말할 것도 없고, 학연·지연·세대 등 견고한 장벽을 넘나들면서 거침없는 '이합집산'을 거듭한다. 그들의 무대 또한 각양각색이다. 시민아카데미 혹은 도서관이나 박물관 혹은 기타 정체불명의 장소들. 그들의 존재와 마주칠 때마다 내 입에선 어디선가 주워들은 이런 노래가 흘러나온다. "꽃은 아름답고, 양배추는 유용하며, 양귀비는 미치게 만든다. 그러나 잡초는 범람한다." 그렇다. 대중지성은 잡초처럼 범람한다!

이들이 어디로 튈지, 무엇과 접속할지 그리고 그것이 어떤 효과를 야기할지는 아무도 알지 못한다. 다만 분명한 건 '절망이 있는 세 개의 풍경'을 전복할 수 있는 힘은 오직 거기로부터 길어 올릴 수 있으리라는 사실이다. 이 글은 그들로부터 촉발된 새로운 공부법에 대한 생생한 다큐이자 매니페스토manifesto다.

자, 그럼 낡고 병든 지식의 사슬을 끊고 '좋은 앎과 좋은 삶이 일치하는 멋진 신세계'를 향하여, 출발!

ⓒ 『공부의 달인, 호모쿵푸스』, 고미숙 지음, 북드라망, 2012

작가 소개

고미숙

고전평론가. 지식인공동체 '수유+너머'에서 인문학을 연구하며 강연과 집필 활동을 해왔다. 2011년부터 몸, 삶, 글이라는 키워드로 인문의 역할을 탐구하는 모임 '감이당'에서 활동하고 있다. 저서로는 『열하일기, 웃음과 역설의 유쾌한 시공간』, 『고미숙의 몸과 인문학』 등이 있다.

느낌들

현재 대학의 인문학 관련 학과 대부분은 통폐합 수순을 밟고 있다. 재단하고 흥정하여 가까스로 남은 학과도, 졸업생의 취업률이나 평균연봉 등 몇 개의 숫자로 쓸모를 증명하며 겨우 그 명맥을 유지하고 있다. 하지만 배움의 가치를 저울대에 올려놓는 사회일지라도, 순순히 저울대에 올라서지 않은 자들의 담대함이 대중지성으로 탄생한 것에서 고미숙은 희망을 보았다. 다양한 앎에 대한 개개인의 열망을 정중히 대하는 공동체는, 우리가 이곳저곳에서 함께 머리를 맞대고 고민할 때 만들어진다.

지구 반대편에서, 버스킹

조성욱

🌢 이야기의 시작

2009년 군 전역 후 꿈을 다시 설계했다. 베이커리 카페를 운영하면서 음악 활동을 병행하기로. 경제적인 면을 해결한 다음 음악을 하겠다는 계획이었다. 그러다 여러 나라를 여행하면서 빵 공부를 하고, 그 기록을 바탕으로 세계지도 메뉴판을 만들면 어떨까 하는 아이디어가 떠올랐다. 그 생각은 머잖아 세계 일주라는 꿈이 되었다.

워킹 홀리데이로 떠난 11개월간의 호주 여행은 '탈脫계획'의 연속이었다. 친구를 사귀기 위해 가져간 기타는 어느새 직업이 되었고, 매달 꽤 많은 돈을 벌어주었다. 생애 처음 라디오에도 출연하고, 현지 신문과 인터뷰도 했다. 그렇게 조금씩, 그러나 내게는 급작스러운 속도로 내 이야기가 알려지면서 레스토랑에서 정기 연주를 하게 됐고, 어떤 날은 지역 페스티벌에도 참가했다.

당초 여행의 목적이던 빵 공부는 뒷전이 됐다. 하루의 절반 이상을 버스킹을 하면서 보냈다. 그리고 버스킹을 마치고 집으로 돌아오던 어느 밤 황당한 꿈을 품게 되었다. '어쩌면 세계 일주가 가능할지도 몰라' 하고. 버스킹으로 번 돈으로 세계 일주를 한다니, 버스커들도 코웃음을 칠 발상이다.

그리고 2012년, 생애 첫 세계 일주가 시작되었다. 첫 번째 목적지는 유럽, 그중에서도 예술의 나라 아일랜드였다. 유럽에서 나는 다시 움츠러들었다. 떠나기 전 기대한 유럽과는 모든 면에서 달랐다. 경찰에게 쫓기며 버스킹을 해야 했고, 열심히 버스킹을 해도 내일 밥값을 걱정해야 할 만큼 수입이 적었다. 틈틈이 베이커리에 들러 빵을 사 먹어야 했기에 많이 벌 수 없다면 아껴 쓰는 수밖에 방법이 없었다. 4개월 후 유럽 여행이 끝나갈 무렵에는 휴대폰을 소매치기당했고, 노트북마저 고장 나면서 짬짬이 해두었던 기록이 몽땅 날아가 버렸다. 불행히도 이 사건은 시작에 불과했다. 2주 뒤 남아프리카공화국행을 앞두고 있던 모로코에서 강도를 당한 것이다. 나는 세 명의 강도에게 두들겨 맞고 모든 전자기기와 여권, 신용카드까지 빼앗겼다. 물건들이야 어떻게든 마련할 수 있겠지만, 한번 잃어버린 용기는 쉽게 돌아오지 않았다. 일단 아프리카로 가는 티켓을 발권한 상태였기에 출발을 결정했다.

아프리카 여정은 남아프리카공화국의 케이프타운에서 탄자니아까지 이어졌다. 이 검은 대륙은 내게 수많은 길 위의 친구들을 선물했다. 그리고 이 친구들은 내게 물음표를 선물했다. 그들은 나와 달랐다. 그들의 여행은 내 여행과 달랐다. 그들은 하나같이 여행 그 자체가 목적이자 목표였다. 내 여행의 목적은 빵 공부였고, 버스킹 또한 목적을 위한 수단이었다.

'나는 미래를 위해 여행하고 있구나.' 그걸 깨닫는 순간, 내가 행복하지 않다는 것을 동시에 알게 되었다. 목적을 상실했다. 여행이 불행하게 느껴졌다.

결국 거기서 여행을 멈추고 한국으로 돌아왔다. 잠시 동안 마음을 추스르고 가장 나다운 여행이 무엇이며, 내 가슴을 뛰게 만드는 것은 무엇인지 곰곰이 생각해 보았다. 그리고 2013년 3월, 다시 유럽으로 떠났다. 나의 이야기는 그곳에서 시작된다.

추억이 되는 기억들

부모는 자녀에게 이것저것 다양한 경험을 할 수 있도록 많은 기회를 준다. 나 또한 피아노와 태권도, 미술, 바둑, 수학, 영어, 한문 등 여러 가지를 배웠다. 그중 한 가지, 다른 것보다 조금 더 잘한 게 바로 '음악'이었다.

초등학교 1학년부터 고등학교 1학년까지 클래식 피아노를 배웠다. 어렸을 때는 잘한다는 칭찬을 들으며 나름 재밌게 연주를 했다. 하지만 중학교 시절, 속셈학원에서 공부하다가 "저 피아노 레슨 받으러 가야 해요"라고 말하는 게 얼마나 부끄러웠는지 모른다. 진로에 대해 한창 고민할 시기인 고등학생 때는 과연 내가 피아니스트가 될 수 있을지, 그 꿈이 너무나도 막연했다. 좁은 방에서 혼자 연습을 할 때면 내 마음도 그 방 크기만큼 작아지는 것 같았다.

그러다 교회에서 처음 통기타를 배우게 되었고, 처음으로 합주라는 것을 해보았다. 독주가 위주인 클래식 피아노는 오로지 콩쿠르만이 누군가에게 음악을 들려줄 수 있는 기회였다. 하지만 교회에서는 매주 연습을 하고, 주일에 예배를 통해 그 결과를 들려줄 수 있었다. 그것은 큰 기회였다. 물도 흘러가야 썩지 않는 것처럼 음악도 마찬가지. 음악과 감정이 고여 썩어가던 무렵 처음으로 음악을 누군가와 '함께' 했고, 흘려보냈다. 행복했다. 그때부터 기타라는 악기가 가진 매력에 빠져버렸다. 시공간적인 제한이 피아노보다 훨씬 적은 기타야말로 언제든지 사랑하는 사람들에게 내가 가진 음악을 선물할 수 있는 가장 훌륭한 악기임을 알았다.

이제 나는 그 작은 방을 탈출하여 기타를 들고 세계의 거리 위를 걷고 있다. 거리 위에서 예술을 하고 여행을 하다 보면 힘든 순간이 찾아올 때가 있다. 함께 연주를 하며 희열을 즐기고 있는 버스킹 팀을 목격할 때이다. '언젠가 나도 저들처럼 누군가와 함께 하리라' 다짐했다. 혼자 하는 음악이 아니라, 함께 연주하고 그 기쁨을 누군가와 공유하고 싶었다. 용기를 내어 토론토 유학생 카페 사이트에 글을 올렸다.

"거리 위의 예술가들을 보고 가슴이 뛴 적 없나요? 그런 분들을 찾습니다."

며칠 후 한 남자에게 연락이 왔다. 그리고 그와 약속한 날짜가 다가왔다. 오후 4시 30분, 이튼 센터 앞에 찾아온 그는 지운이라는 이름의, 나이는 나보다 한참 어리지만 비트박스 전문가들 속에서 꾸준히 입지를 다져가는 중인 5개월 차 워홀러였다. 잠시 테스트를 하는 동안 나는 놀라지 않을 수 없었다. 조금 한다는 사람들도 대개는 기본 비트만 하는 정도인데, 지운이의 비트박스는 차원이 달랐다. 현란한 리듬과 더불어 멜로디와 특수 효과까지 합친 소리를 내고 있었다. 한 사람의 입에서 다양한 소리가 나는 게 그저 신기할 따름이었다.

세팅을 마치고 시작하기 전 지운이에게 독무대를 권유했다. 지운이는 기본 비트로 무대를 시작했다. 사람들은 희한한 소리에 가던 길을 멈추고 점점 모여들었다. 점점 빨라지는 비트 속에 다양한 기술들이 펼쳐졌다. 신디사이저 소리, 턴테이블의 LP가 돌아가는 소리, 묵직한 베이스 소리, 호주의 전통악기 디저리두 소리까지. 듣고 있는 사람들의 혼을 쏙 빼놓는 화려한 무대였다. 지운이의 심플한 멘트로 5분의 비트박스 공연을 마치고 협연을 준비했다. 처음 맞추는 것이지만 전혀 걱정되지 않았다. 포인트를 주는 부분과 끝나는 부분만 설명해주면 금세 듣기 좋게 만들어줄 것 같았다.

첫 곡으로 무난하게 비지스Bee gees의 「하우 딥 이즈 유얼 러브How deep is your love」를 연주했다. 후렴을 지나면서 비트박스는 더욱 화려해지고, 기승전결이 확실히 표현되었다. 생각했던 대로 통기타와 비트박스는 정말 잘 어울렸다.

다음 곡으로는 모튼 하켓Morten Harket의 「캔 테이크 마이 아이스 오브 유Can't take my eyes off you」를 연주했다. 이 노래의 절정인 간주 부분에서 리듬을 쪼개고 쪼개 더욱 흥겹게 만들었다. 2절이 끝나면 나오는 기타 솔로 부분을 지운이의 솔로로 채워 보았다. 역시나 처음 맞춰 보는 곡인데도 잘 따라와 주었다. 곡이 끝나자 사람들은 환호를 지르며 박수를 보냈다. 혼자 연주할 때는 이렇게 집중과 관심을 받는 일이 드문데, 역시 길거리에서는 신기하고 봐야 하는 건가?

"안녕하세요, 지현이라고 해요. 지운이에게 거리에서 연주하신다는 이야기 듣고 같이 해보고 싶어서 연락드려요."

 지운이를 통해 다른 친구에게도 연락이 왔다. 토론토에 머물 시간이 얼마 남지 않았기에 조금 서둘러 약속을 잡았다. 함께 연주할 곡을 몇 곡 정도 정한 후 거리에서 만났다. 거리 음악을 한다는 소식을 듣고 그들의 친구들이 모여 어느새 주변에는 열 명 가까이 되는 한국인들이 우리의 공연을 기다리고 있었다. 괜히 긴장된다. 외국인만 있는 거리에서는 하나도 떨리지 않는데, 한국 사람들의 예술에 대한 냉소적인 태도 때문인지 몰라도 한국인들이 앞에 있으면 너무나 떨린다.

 「플라이 미 투 더 문Fly me to the moon」, 「문 리버Moon river」 등 전 세계적으로 유명한 곡들을 지현이의 노래와 함께 시작했다. 아시아 여자가 거리에서 노래 부르는 것이 신기했는지 사람들이 조금씩 몰려들었다. 지운이가 리듬을 더해 흥을 돋우었다. 클래식의 「마법의 성」, 조성모의 「깊은 밤을 날아서」, 박기영의 「시작」 등 조금 오래된 한국 노래도 불렀다. 관객들은 돈을 건네며 환한 미소로 감사의 말을 전했다.

 연주가 끝난 뒤 모은 돈을 세어 보니 50달러 가까이 되었다. 이 돈으로 함께 저녁을 먹고, 경치 좋은 카페에서 다시 기타를 꺼내 들었다. 아름다운 토론토의 밤과 그 위에 흐르는 음악, 좋은 사람들, 따뜻한 이야기들. 이보다 행복할 수 있을까?

언제나 느끼는 것이지만 여행에 있어서 사람보다 귀한 것은 없다. 시간이 지나면 웅장했던 건물도, 거리도, 눈에 잡힐 것만 같은 아름다운 풍경들도 모두 흐릿해진다. 길 위에서 만난 많은 것들은 '기억'으로 남지만 살아 있는 아름다운 사람들은 '추억'이 된다.

♦ 위험한 하루

초등학생 시절, 방학이 끝나면 선생님은 한 사람씩 방학 때의 재미있었던 일들을 발표시키곤 했다. 정확히는 기억나지 않지만 우리 반의 어떤 녀석이 미국을 다녀온 이야기를 들려주었고, 그곳에서 찍은 사진들을 서로 돌려가며 본 적이 있다. 그때 내 기억에 남은 것은 엠파이어 스테이트 빌딩과 커다란 자유의 여신상이다. 나에게 외국이란 '미국'이었다.

토론토에서 출발한 버스는 아침 8시, 맨해튼 42번가 앞에서 멈추었다. 뉴욕에 있는 동안 하츠데일의 어머니 친구분 댁에 잠시 머물며 신세를 질 생각이었다. 하츠데일은 뉴욕과는 조금 떨어져 있다. 울창한 나무들 사이로 비치는 따사로운 햇빛, 새와 벌레들의 합창 소리. 복잡했던 도시를 벗어나 자연이 가득한 이곳에 오니 마치 산장으로 캠핑 온 것만 같다.

며칠간은 휴식을 취하며 버스킹을 하기 위한 정보를 조사했다. 이곳에서 뉴욕의 중심지인 맨해튼까지는 왕복 교통비가 무려 25

달러, 편도 시간만 해도 두 시간이 넘는다. 그런데 비수기 시즌 맨해튼의 한인 민박 가격 또한 하루에 25달러다. 그렇다면 하츠데일에서 왕복하는 것보다 맨해튼의 한인 민박에 머무는 것이 시간을 아낄 수 있다. 한인 민박을 예약하고 맨해튼으로 떠났다. 세계일주를 하며 가장 기대했던 뉴욕으로 드디어 한 발 내디뎠다.

민박집에 도착해 짐 정리를 마친 후, 가장 먼저 첼시 마켓으로 갔다. 뉴욕은 워낙 크기 때문에 시간을 단축하려면 연주할 곳을 미리 정하고 움직여야 한다. 마켓은 처음 생각했던 것과 많이 달랐다. 야외에서 열리는 벼룩시장 같은 곳인 줄 알았는데 실내의, 조금은 세련된 분위기의 마켓이었다. 건물 입구에 자리를 잡고 연주를 시작했다. 40분 정도 연주했지만 생각보다 수입은 좋지 않았다.

다음으로 유니언 스퀘어로 향했다. 크지 않은 광장에 사람들이 가득했다. 가장 먼저 눈에 띈 것은 왠지 익숙한 모습의 사람들이었다. 네다섯 명씩 그룹을 지어 다니는 그들은 확성기를 들고 타악기를 연주하면서 거리를 행진했는데, 마치 우리나라의 사물놀이패 같다. 나는 연주를 하다가도 저 멀리서부터 그들이 오는 소리가 들리면 잠시 멈추었다가 그들이 사라지고 나서야 다시 연주를 시작하곤 했다. 그들이 있는 한 이곳에서의 연주는 불가능해 보인다. 그들을 뒤로한 채 잠시 재미난 버스커들을 구경해보기로

했다.

 아프리카계의 아메리칸들이 한데 모여 체스판을 두고 손님을 기다린다. 내기 게임을 하는 것 같다. 전문 시계까지 갖추었다. 곧 손님이 오더니 진지하게 게임을 즐긴다. 저 멀리에서는 갑자기 싸움 소리가 들린다. 가까이 가보니 젊은 남녀가 큰소리를 내며 서로 잡아먹을 듯 고함을 치고 있다. 그런데 말리는 사람 하나 없이 모두 텔레비전 프로그램을 보듯 조용히 감상하고 있다. 시간이 지나자 서로 웃으며 악수를 하고 지켜보는 사람들에게 인사를 한다. 어떤 이는 영화에서나 볼 법한 구식 타자기로 사람들에게 시를 써 주고 팁을 받는다.

 유럽과는 또 다른 길거리 문화가 이곳 뉴욕에서 펼쳐지고 있었다. 나는 공연을 하는 사람들보다 감상하는 사람들의 표정과 몸짓에 더 집중했다. 사뭇 진지한 표정의 사람, 아름다운 웃음을 보이는 사람, 무관심한 듯 핸드폰만 만지작거리는 사람 등 사람들의 다양한 반응이 재미있다. 나의 음악을 듣는 사람들은 어떤 표정을 지었을까? 이렇게 거리 위에서 살아가는 사람들을 보니 나도 그들 중 하나라는 생각이 들었다. 결국 이곳에서는 버스킹 대신 휴식을 취하며 즐거운 눈요기를 했다.

 음악영화 〈어거스트 러시〉의 촬영지로 유명한 워싱턴 파크를 찾아갔다. 유니언 스퀘어에서 10분 정도 걸어 내려오니 어렵지 않게 찾을 수 있었다. 오후 6시가 다 되어 공원 안으로 들어갔다. 해가 조금씩 저물어갈 준비를 하고 있었다. 영화 속에서 주인공이 멋있게 기타를 연주했던 곳이 저 멀리 보인다. 공원 안에는 버스킹 하는 사람들 외에도 많은 사람이 다양한 것들을 하고 있었다. 운동하는 사람들, 책을 읽는 사람들, 체조하는 사람들 등 조금 과격하게 말하자면 '개판'이다. 한쪽에선 조용한 노래를 하고 있는데 반대쪽에서는 젬베를 두들기고 있다. 또 다른 쪽에서는 이상한 노래를 틀어놓고 서커스를 하고 있다. 뉴욕은 모든 것에 관대한지, 아니면 무관심한지 모르겠다. 다른 관점으로 보면 마치 콜라주 같기도 하다. 전혀 관계없어 보이는 조각들을 찢고 붙여 하나의 그림을 만든 것이다.

🕯 행복을 만드는 연주네요

다음 날 새로운 마음으로 다시 출발했다. 처음 찾아간 곳은 브루클린 브리지가 멋지게 보이는 맨해튼 브리지. 책에서만 보던 그것이 저 멀리 빌딩들 사이로 웅장히 서 있다. 다리 밑으로 작은 공원이 보인다. 그곳은 다리를 감상하기에 가장 좋은 장소였다. 사람들은 한껏 포즈를 취하고, 사진을 찍고, 아름다운 광경을 바라보며 점심을 먹고 있다. 브루클린 브리지를 정면에서 볼 수 있는 작은 계단들이 있고 그 뒤로는 벤치도 있다. 해변 같은 느낌의 모래와 바위들, 바다는 아니지만 작게나마 일렁이는 물살과 따듯한 햇볕이 평화로워 보였다. 언제나 처음이 가장 어려운 법. 고요한 그곳에서 연주하려니 영 낯설었다. 초대받지 않은 파티에 온 것 같다. 계단 밑에서 세팅을 마친 후, 바로 앞에 앉아 책을 읽고 있는 한 아주머니에게 조심스레 말을 걸었다.

"안녕하세요, 잠시 여기서 음악을 연주하려 해요. 아마 책을 읽으시는 데 방해될 만큼 시끄럽지는 않을 거예요. 연주해도 괜찮겠죠?"

"물론이죠."

질끈 눈을 감고 연주를 시작했다. 첫 곡이 끝났지만 사람들은 무관심했다. 그 무관심에 오히려 편안해졌다. 아주머니가 작은 미소와 박수를 보내주었다. 몇 곡을 더 연주했다. 한 사람이 계단을 내려와 1달러짜리 지폐를 넣어주었다. 계단을 몇 개씩이나 내려와 돈을 주고 갈 만큼 인내심 깊은 사람은 얼마 없을 것이다. 장비를 가지고 계단 위로 올라가 연주를 이어갔다. 아주머니는 곡이 끝날 때마다 감사하게도 계속 박수를 보내주었다. 한 시간이 조금 지났을 즈음 아주머니가 인사를 건네러 다가왔다. 아르헨티나에서 온 루이지 아주머니. 이곳에서 연주를 계속할 수 있도록 용기를 준 그녀에게 답례로 앨범을 선물했다.

시간이 흐를수록 햇빛 때문에 목 뒤가 따가워지고 기타도 점점 뜨거워졌다. 힘이 들었다. 그만하기로 결정하고 잠시 뒤를 돌아보았다. 브루클린 브리지는 여전히 장엄하게 서 있었다. 이렇게 아름다운 곳에서 연주했다는 사실에 매우 감격했다. 누구나 이곳에 와서 사진을 찍는다. 하지만 브루클린 브리지를 배경으로 기타를 연주하는 사진은 아마 나밖에 없지 않을까?

다음 목적지는 베드퍼드 애비뉴Bedford Avenue 역. 예술가들의 마을이라 일컬어지는 곳이다. 상점과 카페, 레스토랑은 저마다 독특한 인테리어를 뽐내고 있고, 이상한 옷을 입은 사람들이 저벅저벅 거리를 활보하고 있다. 음악 하는 사람들도 쉽게 만날 수 있겠지 싶었지만 버스커들은 어디에도 없었다. 아무래도 이곳은 패션 관련 예술가들이 많은 듯하다. 거리 주변을 어슬렁거리다가 우연히 만난 한국 사람에게 물어보았다.

"혹시 여기에서 거리 공연을 하는 사람을 본 적 있나요?"

"아니요, 한 번도 없어요."

내가 이곳 최초의 한국인 버스커가 되어야겠다. 이곳저곳을 샅샅이 살펴보았다. 하지만 인도 폭이 넓지 않고 앞으로는 차가 다니고 있어 연주하기 마땅찮아 보인다. 점점 밤이 다가왔다. 오늘은 뉴욕에서의 버스킹 마지막 날. 이렇게 한 번도 연주하지 못한 채 그냥 돌아갈 수는 없다. 마을을 조금 더 걸어보았다. 하지만 아무리 찾아도 내가 연주할 만한 장소가 보이지 않아 결국 돌아가야

겠다고 생각했다. 미련 갖지 말자, 스스로 다독이며 지하철역 앞에 다다른 순간, 입구 앞으로 작은 공간이 눈에 띄었다. 그곳에서 1분 정도 지나가는 사람들과 주변 소음을 체크했다. 괜찮을 것 같다. 서둘러 세팅을 했다. 연주를 시작하고 얼마 지나지 않았을 때 지하철 입구에서 어떤 아름다운 아가씨가 어깨를 흔들며 내게 다가왔다. 저 반대편에서도 한 아주머니가 무단횡단까지 하며 내 쪽으로 오는 게 느껴졌다. 그리고 그 둘은 이야기를 나누었다.

"행복을 만드는 연주네요."

"그렇죠? 난 반대편에서부터 듣고 왔어요."

아가씨는 앨범까지 구입했다. 그리고 40분 뒤 저 멀리서 경찰이 다가오는 게 보였다.

"아쉽지만, 당신은 여기에서 연주할 수 없어요. 주민신고가 들어왔어요. 하지만 앰프를 사용하지 않는다면 연주할 수 있어요."

"보세요, 저는 앰프 없이는 사람들에게 연주를 들려줄 수 없습니다."

"알아요. 저도 저 멀리서 당신의 연주를 듣고 있었어요. 정말 좋더군요. 하지만 신고가 들어온 이상 어쩔 수 없어요."

주민신고가 들어온 이상 어쩔 수 없었다. 하지만 경찰이 칭찬해준 건 이번이 처음이었다. 오늘도 어제처럼 충분한 돈을 벌진 못했지만 사람들의 말 한마디 덕에 마음속 응어리가 사라진 듯하다. 뉴욕에서의 마지막 버스킹은 그렇게 끝났다.

  기대와는 달리 뉴욕에선 거의 돈을 벌지 못했다. 캐나다에서 모은 돈으로 다음 목적지인 샌프란시스코행 비행기 티켓을 구입했다. 통장잔고와 현금을 합치면 이제 겨우 35만 원 정도가 남았다. 샌프란시스코의 숙박은 또 왜 이리 비싼지. 세금 포함 약 35달러로 우선 이틀 치만 예약을 했다.

  4차선 도로를 달리는 차들 옆을 터벅터벅 걸었다. 모든 것이 막연해지는 밤이다. 나는 과연 어디까지 갈 수 있을까. 어디까지 볼 수 있을까. 수많은 생각들이 머릿속에 떠올랐다가 사라지기를 반복한다. 문득 그런 생각도 든다. 뇌에 스위치가 있다면. 지금은 잠시 꺼두고 싶다. 바쁘게 살 때의 내 마음은 마치 물과 흙을 병에 담고 흔든 것 같다. 이성과 감성이 마구 섞여서 뭐가 뭔지 잘 모르겠다.

  치익…. 마치 옛날 아날로그 텔레비전에서 정규방송이 끝나고 나오는 화이트 노이즈 같은 소음이 머릿속을 맴돈다. 잠시 생각에 젖노라면 이내 물과 흙이 분리되어 흙은 가라앉고 물은 떠오른다. 그런데 무엇이 흙이고 무엇이 물인지 구별을 못하겠다.

ⓒ 「지구 반대편에서, 버스킹」, 조성욱 지음, 꿈의지도, 2016

작가 소개

조성욱

초등학교 때부터 클래식 피아노를 배웠으나 고1 때 교회에서 처음 통기타를 접하고 그 매력에 흠뻑 빠졌다. 대학교 1학기만 마치고 자퇴해 무엇을 할 때 진정으로 행복한지 고민하기 시작했다. 2010년 호주 워킹홀리데이를 시작으로 3년간 44개국을 다니며 버스킹했던 이야기를 『지구 반대편에서, 버스킹』으로 묶어냈다.

느낌들

아침에 눈을 떠 바라본 천장이 익숙지 않다면, 여행 중이기 때문일 것이다. 500일이 넘게 매일 낯선 곳에서 눈뜨는 사람은 자신의 방 천장을 기억할까. 햇빛의 궤적을 기억하여 시간에 맞춰 그늘로 옮겨 다니며 연주를 하고, 부족한 체류비는 도움을 줄 단체에 메일을 보내 그때그때 요청을 한다. 이것이 기타를 매고 세계 일주를 한 버스커가 따뜻한 방을 떠나 낯선 길에서 헤매며 배운 것이다. 이 도시가 경유지일지, 도착지일지 선택할 수 있는 자유는 실수와 착오에 대한 책임을 가르쳤다. 낯선 도시를 방황하며 생긴 다리 근육은 대학 졸업장과 견줄 만한 정직한 배움의 흔적으로 남았다.

수학과 글쓰기

홍세화

 글을 잘 쓰려면 수학을 잘해야 하는가? 한국에선 이 질문을 하지 않는다. 한국에 있을 때 나 자신이 한 번도 들어 보지 못했던 질문이다. 그런데 많은 프랑스인이 이 질문을 던지고 있고, 또 이 질문에 대하여 아주 자신 있게 "그렇다"고 대답하고 있다. 즉 글쓰기와 수학 사이에는 아주 밀접한 연관관계가 있어서 글을 잘 쓰려면 수학을 잘해야 한다는 것이다. 수학 교사와 교수들이 이 주장을 펴고 있고, 문필가로 활동하는 사람들도 이 주장에 많이 동의하고 있다.

 이 주장은 당연히 수학에 자신이 없어서 이과를 지망하지 못하고 문과를 선택한 수많은 사람을 실망시키고 있다. 그들은 이렇게 볼멘소리를 한다. "초등학교 때부터 수학 때문에 계속 설움을 받아왔고 또 수학 때문에 문과를 지망했는데 글쓰기도 못할 것이라고 하니, 그렇다면 앞으로 우리가 잘할 수 있는 일은 무엇이란 말이냐?"라고. 나는 프랑스의 수학 중시 교육에 대하여 잘 알고 있기 때문에, 그들의 울분에 찬 항변을 충분히 이해할 수 있다.

프랑스의 전 교육과정에서 수학은 단연 으뜸되는 과목으로 취급받고 있다. 이과에선 말할 것도 없고 문과에서도 수학은 다른 과목, 예컨대 영어보다 훨씬 더 중요시된다. 수학 중시는 바칼로레아(대학입학자격시험)에서도 그대로 반영되어, 이과에서는 수학의 배점이 영어의 세 배에 이르고 문과에서도 수학은 철학, 프랑스어와 함께 높은 배점이 적용되고 있다. 그런데 다른 과목은 모두 논술로 시험을 치르는 것과 달리, 수학은 정밀과학이므로 학생들 사이에 점수 차이가 가장 많이 난다.

수학 실력이 경쟁시험 등에서 중요한 관건이 되는 것은 아주 당연하다. 특히 그랑제콜(수재학교)에 입학하려면 우선 수학 실력이 뛰어나지 않으면 안 된다. 공부를 잘하는가 못하는가의 구분이 수학으로 결정된다고까지 말할 수 있다.

한편 수학 실력도 부족하고 철학에도 뛰어나지 않은 평범한 학생들이 가는 분야 중에 법률학이 포함된다. 가장 뛰어난 문과 학생들의 대부분이 법학을 지망하고 있는 한국의 현실과 상반되는 점이다. 예외가 없는 것은 아니지만, 프랑스에서 우수한 학생이 법률학을 택하지 않는 이유는 판검사, 변호사, 공증인 등의 법률 종사자란 다만 기존의 법을 적용하기만 하는, 비창조적이고 비생산적인 기생집단이라는 생각이 프랑스 사회에 널리 퍼져 있기 때문이다.

어쨌든 프랑스에서 법률 종사자가 되려는 사람들은 수학과 글쓰기의 관계에 대하여 별 관심이 없다. 반면에 수학 실력은 떨어지나 철학이나 기타 인문과학 분야에 자신이 있어서 문과를 선택한 사람들, 그중에서도 문필가가 되겠다는 꿈을 가진 사람들은 당연히 수학과 글쓰기 사이의 연관관계 주장에 대하여 관심이 많고, 또 연관이 있다는 주장에 반론을 펴기도 한다.

토론은 주로 글쓰기에 필요한 논리력, 추리력, 분석력, 정확성의 추구 등이 수학교육을 통하여 알게 모르게 길러진다는 주장과, 수학적인 차가운 논리가 오히려 창조적 감성이나 미적 상상력을 해칠 수 있다는 반론 사이에 벌어진다. 반론자들은 하나의 좋은 예로 괴테를 내세운다. 독일의 으뜸가는 시인인 괴테가 수학에는 아주 뒤떨어졌다는 것이다.

그런데 이 토론에는 한 가지 흥미롭고도 재치 있는 응답이 있다. 반론자가 논리 정연하게 그리고 예를 들어가며 수학과 글쓰기 사이에는 아무 관련이 없다고 주장할라치면, 상대방이 "당신이 그렇게 반론을 펼칠 수 있는 것도 실은 수학을 배웠기 때문"이라고 응수하는 것이다. 이 응수가 언뜻 보면 순환논리인 듯하지만 일리 있는 주장이라고 생각한다. 그래서 나는 글쓰기 중에서 시나 희곡 등은 수학과 크게 관련되지 않는다 해도, 특히 평론만은 수학이 요구하는 정확성 추구 정신이 필요하다고 믿고 있다.

올바른 평론을 쓰자면, 관계된 사실을 정확히 파악하고 또 그 사실이 나오게 된 배경과 앞으로의 전망 등을 정확히 짚어낼 수 있어야 가능하다. 즉 정확성이 요구된다. 그러나 그것만으로는 부족하다. 겉으로 드러나지 않은 사실, 굴절되어 나타난 사실, 미로迷路처럼 꼬인 사실 등을 정확성의 무기만으로 접근하면 자칫 자기함정에 빠져 정확치 않은 것을 정확하다고 믿어버리는 일이 생기기 쉽다. 드러난 빙산의 일각을 정확히 묘사하고 모든 것을 알아냈다고 믿는 것과 같다.

"파도만 보지 말고 조류朝流의 흐름을 보라." 페르낭 브로델의 말이다. 우리는 흔히 파도만 보고 바다를 보았다고 말한다. 예를 들어 노사정위원회, 코소보 사태 등에서 드러난 사실을 아무리 정확하게 파악해도 그 속에 감추어진 본질까지 정확히 파악하기는 어려운 것이다. 그러므로 항상 의문을 던지고 확인하는 자세가 필요하다.

수학은 예컨대, "삼각형의 세 중선은 한 점에서 만난다"라는 사실에 결코 만족하지 않는다. 분명히 정확한 사실임에도 그렇다. 왜 만나는가 또는 왜 만날 수밖에 없는가 하는 것이 더 중요하다. 수학에서는 증명되지 않는 사실은 '정리定理'가 될 수 없고 다만 가설로 남을 뿐이다. 평론이 정확성 이외에 수학에서 배워야 하는 게 바로 증명될 때까지 끊임없이 회의하고 추구하는 정신이라고 생각한다.

ⓒ 『쎄느강은 좌우를 나누고 한강은 남북을 가른다』, 홍세화 지음, 한겨레출판, 2008

작가 소개

홍세화

작가이자 사회운동가, 언론인. 대학 졸업 후 1979년 '남민전' 사건에 연루되어 프랑스로 망명했다. 망명 시절 프랑스 사회를 관찰하며 우리 사회를 성찰한 『나는 빠리의 택시운전사』, 『쎄느강은 좌우를 나누고 한강은 남북을 가른다』를 펴냈다.

느낌들

세계 7대 수학 난제 중 하나인 'P 대 NP 문제'의 풀이에 도전하는 대부분의 수학사들이 '지뢰찾기' 게임의 기록을 단축하는 요령에서 그 실마리를 찾는다고 한다. 한 개의 정답 찾기에서 벗어나 풀이 과정의 다양한 길목에서 만나는 수학은 게임에도 적용할 수 있을 만큼 유연하고 자유롭다.

   이제 우리는 학제 간의 경계가 허물어지는 사회로 진입했다. 2018년부터 적용하는 개정 교육과정에서는 통합 교과가 신설되고 문, 이과의 구분이 사라진다. 바칼로레아 시험에서 자연과학을 전공하려는 수험생에게 '예술가는 자기 작품의 주인인가'를 물었듯, 우리에게도 수학과 글쓰기의 관계에 대한 진지한 토론이 이루어질 순간이 오고 있다.

덕불고德不孤, 나와 이웃을 위한 공부

김현식

공자가 천하를 떠돌아다니고 있을 때의 일입니다. 한번은 길을 잃어 밭일을 하는 노인에게 길을 물어야 했습니다. 그런데 이 노인이 하는 말이 심상치 않습니다. 이미 공자에 대해 잘 알고 있었을 뿐만 아니라 공자의 약점을 콕 집어 공격하기까지 했으니까요. 길을 물어온 공자의 제자 자로에게 그 노인은 이렇게 말합니다.

"이렇게 거침없이 흘러가는 세상을 어떻게 바꾼단 말인가? 사람을 피해 다니는 사람과 어울리지 말고 차라리 세상을 피해 사는 사람과 함께하는 게 어떻겠나?"

노인이 보기에 이 어지러운 세상은 어떻게 손쓸 수도 없는 상황이었습니다. 그래서 자신은 세상을 피해 사는 사람이 되었다고 말합니다. 그가 한적한 시골에서 농사를 짓는 것도 그 때문이었지요. 반면 공자는 세상을 피해 살지 못하고 그저 사람을 피해 사는 사람에 불과하답니다. 자신을 알아줄 사람을 찾아 떠도는 공자의 삶이 영 쓸모없어 보였다는 뜻입니다. 그래서 자로에게 공자 같은 쓸모없는 사람을 따라다니지 말고 세상을 피해 함께 농사를 짓자고 권유합니다.

그러나 우직한 자로는 이 노인의 권유에도 불구하고 공자에게 다시 돌아옵니다. 그리고는 그 노인의 말을 전해주지요. 이 말을 들은 공자는 이렇게 말했답니다.

"짐승들과 함께 살 수는 없지 않은가? 이 사람들과 함께 살지 않으면 누구와 함께 살아야 할까?"

밭일을 하던 노인처럼 세상을 등지고 사는 사람을 은자隱者, 숨어 사는 사람이라고 합니다. 세상의 혼란스러운 일에 휘둘리지 않고 깨끗한 삶을 살고자 자연으로 돌아간 것이지요. 공자 시대는 물론 후대에도 이런 은자들은 꽤 많았습니다. 이들은 세상일보다 자신의 삶이 더 중요하다고 생각했던 사람이었습니다. 이들이 보기에 공자는 사서 고생하는 사람이었지요.

그러나 공자는 이런 은자처럼 살 수 없다고 말합니다. 사람은 늘 누군가와 관계를 맺고 살아갈 수밖에 없기 때문입니다. 공자가 말한 '나'는 이런 차원에서 생각해야 합니다. 공자가 말한 위기지학을 자칫하면 이기주의와 혼동할 수 있습니다. 이기주의란 '나'라는 사사로운 개인의 욕망을 위해 사는 삶의 태도를 가리킵니다. 그러나 공자에게는 애당초 남과 완벽하게 단절된 사사로운 나라는 개념이 없습니다. '나'는 늘 어떤 관계 속에 놓여 있기 마련입니다.

우리도 마찬가지입니다. 누구의 딸이거나 아들이며, 친구이기도 하고, 제자이거나 누나, 형일 수 있습니다. 조금만 생각해 보면 나를 중심으로 한 그물 같은 관계망을 그려 볼 수 있습니다. 이 중심에 있는 것이 바로 '나'입니다. 나는 이 관계망 위에서 끊임없이 소통하고 교류하는 존재입니다. 더 나아가 말하면 이런 관계의 묶음이 바로 '나'라고 할 수 있습니다. 따라서 위기지학, '나를 위한 공부'란 이 무수한 관계와 무관할 수 없습니다.

앞서 소개한 『논어』의 첫 번째 문장을 다시 기억합시다. 공자는 남의 평가에 휘둘려서는 안 된다고 말했습니다. 그러나 그전에 '有朋自遠方來 不亦樂乎 유붕자원방래 불역락호, 함께 공부하는 이가 멀리서 찾아온다면 즐겁지 않겠는가?'라고 말하기도 했습니다. 이처럼 공부란 본디 늘 누군가와 함께 하는 것입니다.

여기서 '함께 공부하는 이'로 풀이한 한자는 '붕朋'입니다. 본래 이 글자는 '벗, 친구'라는 뜻을 갖고 있습니다. 그런데 사전을 보면 여기에 '무리'라는 의미도 들어 있습니다. '친구'라는 쉬운 단어를 내버려 두고 다르게 풀이한 것은 맥락상 '무리'라는 의미가 더 적합하기 때문입니다. 그래서 다산 정약용의 경우에는 이 '붕朋'을 '동지同志'라고 풀기도 했습니다. 동지란 같은 뜻을 품은 사람을 의미합니다. 같은 꿈, 같은 이상을 가진 사람을 가리키는 말이지요. 공자에게는 제자들이, 제자들에게는 공자가 바로 그런 사람이었습니다.

이렇게 함께 배우며 같은 꿈을 꾸는 사람이 있기에 락樂, 즐겁습니다. 배움은 그 자체로 기쁜 일이지만 함께 배우는 동료들이 있기에 즐거운 일이기도 합니다. 그래서 공자는 이렇게 말하기도 했습니다.

德不孤 必有隣

덕불고 필유린

덕이 있는 사람은 외롭지 않다. 반드시 이웃이 있다.

여기서 '덕德'이란 성숙한 인격의 경지를 의미합니다. 앞의 말로 바꾸면 바로 군자라고 할 수 있습니다. 이 성숙한 인격은 늘 현재적인 관계 위에서 드러나기 마련입니다. 예를 들어 유가에서는 사람마다 기본적인 다섯 가지 관계가 있다고 보았습니다. 바로 오륜五倫입니다. 부자父子, 아버지와 아들. 군신君臣, 군주와 신하. 부부夫婦, 남편과 아내. 장유長幼, 어른과 아이. 붕우朋友, 친구 사이. 물론 오늘날의 눈으로 보면 고개를 갸우뚱하게 하는 부분이 있습니다. 대표적으로 군주와 신하 관계가 그렇지요. 그러나 이 다섯 가지는 하나의 예에 불과합니다. 인간이 맺고 있는 관계가 어찌 다섯 가지에 불과할까요. 아마 더 많으면 많았지 적지는 않을 것입니다. 덕을 갖춘 군자는 곧 이런 관계 위에서 지혜롭게 살아가는 사람을 의미합니다.

한번은 자공이라는 공자의 제자가 이렇게 물었습니다. "만약에 어떤 사람이 많은 사람에게 혜택을 주고, 구제해 주기까지 한다면 어떻겠습니까? 그런 사람이야말로 정말 훌륭한 사람 아닐까요?" 공자는 이 질문에 이렇게 대답합니다. "훌륭하다뿐이겠느냐! 그런 사람이라면 성인이라고 할 수 있겠지. 요임금이나 순임금도 그렇게는 못 하셨다. 모름지기 훌륭한 사람이란 자기가 서고자 하면 남을 세워 주고, 자기가 깨닫고자 하면 남을 깨우쳐 주는 사람이란다. 그렇게 시작하는 것이 훌륭한 사람이 되는 길이다."

공자의 가르침은 늘 구체적인 것에서 출발했습니다. 지나치게 관념적인 문제를 이야기하는 것을 달가워하지 않았습니다. 그래서 자로라는 제자가 죽음에 대한 것을 물었을 때도 공자는 "삶도 모르는데 어찌 죽음에 대해 알겠느냐."라고 말했습니다. 상상으로밖에 생각할 수 없는 죽음 대신 지금 살고 있는 현실의 문제를 이야기해야 한다는 게 공자의 생각이었지요.

자공의 질문에 대해서도 마찬가지입니다. 만약 어떤 사람이 많은 백성을 보살피고 구제할 수 있다면 어떨까요? 물론 좋겠지만 그것은 상상에 불과할 뿐입니다. 전설상의 성인이었던 요임금이나 순임금도 그 정도까지는 아니었습니다. 그렇다고 자공이 아주 허황된 이야기를 하는 것은 아니었습니다. 나름 커다란 포부를 밝힌 것이기 때문이지요. 다만 이상이 크기만 할 뿐 대체 그 이상을 어떻게 실현할지에 대해서는 아무런 생각이 없었습니다. 이에 공자는 바로 지금 맺는 관계에서 시작해야 한다고 말합니다. 그래서 공자는 "자기가 서고자 하면 남을 세워 주고, 자기가 깨닫고자 하면 남을 깨우쳐 줘야 한다."라고 말합니다. 공자의 말을 원문으로 옮기면 이렇습니다.

己欲立而立人 己欲達而達人
기욕립이립인 기욕달이달인

나는 결코 남과 무관한 존재가 아닙니다. 반대로 늘 남과의 관계 속에 있습니다. 그래서 나를 위한다는 것은 곧 남을 위하는 것과 같은 의미입니다. 그렇다고 위기지학이 곧 위인지학이라는 말은 아닙니다. 위인지학, 남을 위한 공부에서의 '나'란 남의 평가에 휘둘리는 존재입니다. 그러나 위기지학의 '나'는 남을 통해 자신을 실현하는 존재입니다. 즉 주도권이 누구에게 있느냐가 중요합니다. 다르게 말하면 공부의 출발점이 어디에 있느냐 하는 점입니다. 위인지학은 남에게서 출발한다면 위기지학은 자기로부터 출발하는 공부입니다.

『대학大學』이라는 책은 나로부터 출발하는 공부를 가장 잘 보여줍니다. 『대학』에 따르면 군자의 공부는 다음과 같은 순서를 따라야 합니다. 수신修身 — 제가齊家 — 치국治國 — 평천하平天下. 자신을 잘 닦아야修身, 자신의 집안을 바르게 할 수 있고齊家, 이다음에 나라를 다스릴 수 있으며治國, 세상을 평화롭게 이끌 수 있다平天下는 말입니다. 여기서 '수신', 자신을 수양하는 것이야말로 나로부터 시작하는 공부라고 할 수 있습니다. 그런데 이 공부는 자신에게 머물러 있지 않습니다. 나에게서 출발해 집안과 나라를 거쳐 천하에까지 확장되어야 한다고 말합니다. 공부란 모름지기 이처럼 커다란 포부를 가져야 하는 것이지요.

공자는 처음으로 '학습'이라는 단어를 세상에 내놓은 사람이었습니다. 그와 제자들의 공부 모임은 최초의 학교가 되었습니다. 그런데 만약 그가 오늘날 우리의 학교 모습을 보면 무어라고 말할까요? 아마 깜짝 놀라지 않을까요? 위기지학 대신 위인지학만 남은 데다, 이기적인 나의 욕망만 남아 있는 이 상황을 공자는 결코 달가워하지 않을 겁니다.

여러분은 어떤 공부를 하고 있습니까? 어떤 공부를 하고 싶습니까? 과연 정말로 '공부'하고 있습니까? 어쩌면 오늘날 학생學生들이야말로 '배움學'과 가장 거리가 먼 사람들 아닐까요? 나를 위해 배우는, 나로부터 출발해서 동료와 이웃에 이르는 참 배움의 경험이 필요합니다.

ⓒ 「나를 위해 공부하라」, 수유너머R 지음, 너머학교, 2013

작가 소개

수유너머R

인문학 연구 공동체. 고전평론가 고미숙이 수유리에 열었던 작은 공부방으로 시작해 오늘에 이르렀다. 책을 함께 읽고 토론하는 세미나 형식으로 강좌가 진행되며, 어떤 자격 요건 없이 누구나 와서 함께 공부하고 참여할 수 있다.

느낌들

'공부는 해서 어디에 써 먹지?'라는 질문은 꼭 시험기간 책상머리에 앉아있을 때 떠오르곤 한다. 공자는 함께 공부하는 벗들과 어우러져 같은 꿈을 꾸기 위해 학교를 만들었다는데, 조별과제조차 기피하는 오늘날의 교실과 강의실 풍경은 씁쓸하다. 나를 위한 공부는 나'만'을 위한 공부가 아니다. 공부는 나'로부터' 시작해 주변으로 퍼져 나간다. 나에게서 비롯된 질문은 내 주변으로 쓰임을 찾아 서서히 번져간다. 전우익 선생의 말처럼 "혼자만 잘 살믄 무슨 재미"가 있겠는가. 더 좋은 세상을 만들기 위해 내가 기여할 수 있는 일은 무엇인지 고민하는 것, 그것은 때론 배움의 다른 이름이 된다.

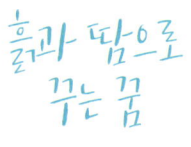

흙과 땀으로 꾸는 꿈

이계삼

🌱 풀무학교 전공부와의 만남

충청남도 홍성에는 '풀무학교'로 불리는 풀무농업고등기술학교가 있고, 이 학교의 자매학교로 성인들을 대상으로 한 풀무학교 전공부가 있다. 존경하는 선생님과 벗이 이 학교에서 근무하는 이유로 몇 번 방문할 기회를 얻게 되었다. 첫 방문이었던 3년 전 여름, 짐을 풀기 위해 기숙사에 들어갔을 때 몰려오던 체취를 잊을 수 없다. 그것은 흙냄새이기도 했고, 시큼한 땀 냄새이기도 했다. 빨랫줄에는 흙 묻은 작업복들이 씻겨져 널려 있었고, 작은 도서관에는 종교, 철학, 농업, 환경 관련 서적들이 빽빽했다. 농부를 키우는 학교만이 가질 수 있는 정신적인 기품이 서려 있었다.

　나는 산업화와 경제성장이 우리 교육에 결정적인 변화를 가져왔다고 생각한다. 산업화가 불러온 농업의 죽음, 경제성장이 낳은 껍데기뿐인 풍요. 이것들이 우리 교육과 아이들의 삶에 끼친 변화를 '어찌할 수 없음'으로 무심하게 괄호 쳐서는 안 된다고 생각한다. '흙'은 아이들에게 사물과의 진정한 교섭을 가능케 했던 가장 기본적인 교육적 조건이었다. 농업의 죽음으로 한국 사회는 재생의 근거지를 잃었다. 그리하여 아이들은 오직 '안락한 삶'으로만 나 있는 시스템의 상자 속에 유폐되었고, 극악한 지위 경쟁의 트랙을 끝없이 질주해야만 한다. 어른 아이 할 것 없이, 한국인의 정신세계에는 '안락'에 대한 희구와 그것을 잃었을 때의 공포밖에 없다.

　그러나 나는 풀무학교 전공부를 알게 되면서 희망이 생겼다. 3학년 담임이었던 나는 대학 진학 대신 농부가 되기를 원하는 아이를 알게 되었고 풀무학교 전공부를 소개했지만, 마지막 순간에 부모님의 반대로 무산되고 말았다. 부모님의 심정도 충분히 이해할 수 있었다. 그 후 대학 1학년이 된 졸업생 아이들 여섯 명과 여름방학 때 그 학교에 다녀온 적이 있다. 아이들이 일주일간 했던 것이란 낮에는 논에서 엎드려 일하고, 밤에는 글을 쓰고 이야기 나누는 게 전부였다. 그러나 아이들은 농업의 가치를 일생의 신념으로 실천하는 여러 스승들을 만났고, 풀무학교를 중심으로 홍동면 지역에 펼쳐진 여러 대안적인 삶의 현장을 직접 보았다. 그리고 무엇보다 농사일이 의외로 즐겁다는 것을 깨달았던 것 같다. 진지하고 성실한 아이들이어서였겠지만, 이들에게 이 체험은 중요한 계기가 되었던 것이 분명하다. 최소한 이 아이들과는 농업과 시골의 삶에 대해 실감을 바탕으로 이야기할 수 있다. 나는 이것이 희망이라고 생각한다.

학교교육을 통해서 아이들을 농민으로 길러 내는 것은 지금 현실 속에서는 사실상 불가능하다. 공교육 학교의 일부를 농업계로 전환하는 것도, 교육과정 속에 농적 요소를 결부시키는 것조차 지금은 불가능해 보인다. 그러나 연령이나 학력인증과 무관한 이런 뜻 있는 작은 학교들이 곳곳에 세워진다면, 아이들로 하여금 이런 학교에서 스스로 체험하는 것을 통해 농업과 시골의 삶을 자신들의 인생에서 가능한 하나의 선택항으로 열어줄 수는 있다. 일주일이든 6개월이든 1년이든, 공교육 학교에 재학 중인 뜻있는 아이들이, 혹은 인생의 길을 고민하는 청년들이, 새로운 삶을 모색하는 중·장년들이 이런 학교에서 생활하게 하는 것이다. 오늘날 학교교육에서 가르칠 수 없었던 가치, 이를테면 철학, 종교, 문학, 역사에 대한 공부와 농업을 통한 자립적 삶, 마을을 중심으로 펼쳐진 협동적 삶에 대한 체험, 이것이 뿌리내릴 수 있다면 이를 지렛대로 하여 교육 불가능으로 허우적거리는 오늘날 학교 교육을 조금씩 천천히 들어 올릴 수 있을 것이다.

뿌리내리기

그러나, 이런 교육적 노력 또한 그 자체로는 절름발이가 될 수밖에 없다. 물질적 삶의 문제를 풀어줄 수 없기 때문이다. '기도와 노동의 교육'은 정당하고 아름다우며, '자발적 가난'이라는 내핍의 가치는 마음 깊은 이들의 영혼을 울릴 수는 있을 것이다. 그러나 사회 변화의 도도한 흐름을 기약하기에는 부족할 수밖에 없다. 맹자의 말씀처럼 '항산恒産'이 있어야 '항심恒心'이 생겨나는 것이 본연의 인간임을 부정할 수 없는 것이다.

내 삶에서 일어난 가장 중요한 변화는 확실히 '귀향'이다. 도회 생활에 적응할 수 없었고, 세입자로 부초처럼 떠도는 삶이 서글펐다. 아이가 몹시 아플 때, 맞벌이를 하는 우리 부부가 하루라도 맘 편히 맡길 만한 이웃이 없었다. 이렇게 살면 안 된다는 강박이 자리 잡았을 때, 결국 시골의 삶을 생각하게 되었고 귀향을 결행했다. 그러나 나는 잘 알고 있다. 어쨌든 고향에도 나의 '일자리'가 있었기 때문에 귀향이 가능했다는 사실 말이다.

나는 아이들의 삶에서 꼭 필요하다고 생각하는 주제들을 중심으로 수업을 준비한다. 거기에 농업과 식량 위기에 대한 이야기가 빠질 리 없다. 이대로 가면 먹을거리의 4분의 3을 사다 먹는 우리

나라는 끔찍한 식량 공황으로 무슨 일이 생길지 모른다는 극히 현실적인 위기의식을 내 수업을 듣는 아이들은 느끼는 것 같다. 그리고 앞으로 농업이야말로 제법 전망 좋은 일자리가 될 것이라는 현실적인 계산속도 조금은 가늠해 보는 것 같다. 이 수업의 끝머리에서 나는 이런 이야기를 던진다. "앞으로 너희 세대의 삶은 '계약과 해지를 반복하는 비정규직의 삶'인가, '고향에 뿌리내린 독립적 소농의 삶'인가, 라는 선택항으로 구성될 것"이라고 말이다. 아무리 젊고 까부는 아이들이라 하더라도 앞으로 자신의 삶이 호락호락하지 않을 거라는 것을 알고 있다. 텔레비전 드라마에 나오듯 도회에서 좋은 승용차 굴리며 드넓은 아파트에서 폼나게 살아가는 것이 현실적으로 대단히 어려운 일이라는 것도, 이 답답한 시골이 그래도 도회에 비하자면 인간적이고 정겹다는 것도 알고 있는 것이다. 그러나 아이들도 또한 잘 알고 있다. "일자리가 없잖아요", "농사지어서 돈 못 벌잖아요". 여기서 모든 이야기는 턱 막히고 만다. 결국 '돈'이 문제인 것이다.

사실 나는 진작부터 이런 딜레마를 생각했다. 그래서 나는 국가가 혹은 지방자치단체가 이런 '시골의 삶'을, '농업'을 보호해 주어야 한다고 생각해 왔다. 농가소득의 절반에 가까운 몫을 보조금으로 지급하는 것이 미국을 위시한 이른바 선진국들의 일관된 정책이 아닌가. 통계청에서 발표한 2009년 농가 평균 소득은 월 90

만 원가량이다. 월 90만 원, 누가 이 돈으로 시골 들어와서 살겠다고 하겠는가. 국가가 농민들에게 100만 원의 보조금을 주어야 한다고 나는 생각했다. 인간 생존의 물질적 기초를 담당하는 농업의 가치를 인정하고, 이를 공적 개념으로 정립해야 하는 것이다. 월 100만 원의 소득을 보장하고, 자신의 노력으로 90만 원의 평균소득을 거둔다면 즉 농가당 200만 원가량의 소득이 보장된다면 농사를 지으며 고향에 남을지를 아이들에게 물어본다. 손을 들게 하면 적지 않은 아이들이 손을 든다. 결국 돈 문제를 풀어주어야 하는 것이다.

▎희망의 물적 기초—사회신용론과 시민배당

이런 생각을 오랫동안 굴려가고 있을 때, 〈녹색평론〉을 통해 사회신용론과 시민배당에 대한 이야기를 접하게 되었다. 내게는 신천지의 발견처럼 벅차게 다가왔.

대학이 이 모양인 줄 알면서도 아이들은 왜 대학에 가기 위해 이 난리들인가. 대학을 통과해서 기업에 고용되지 않고서는 '돈'에 접근할 길이 없기 때문이다. 그런데 기업에 고용되는 일이 갈수록 어려워지고 있는 것이다.

그러나 돈은 사실상 '헛것'이 아닌가. 태환되는 금이나 지폐가 있는 것도 아니고, 은행이 통장에 찍어주는 숫자로서만 존재하는

'신용'일 뿐이다. 이렇게 '신용'으로만 유통되는 헛것의 돈이 전체 통화량의 90퍼센트라고 하지 않는가. 은행은 예금자가 맡긴 돈에서 지급준비율이라는 명목으로 중앙은행에 일부만 예치해 놓고 그 나머지로 대출을 위시한 여러 금융기법으로 몇십 배의 돈(신용)을 새롭게 창조할 수 있다. 오늘날 돈은 분명 과잉인데도, 국가도 기업도 돈이 모자라 끝없이 돈을 빌리고, 빌린 돈을 갚기 위해 몸부림치고, 결국 사람 몫으로 돌아갈 돈을 가로챈다. 시장 경제에서 가장 약한 자리에 있는 농민에게 돌아갈 몫의 돈은 항상 이렇게 모자랄 수밖에 없는 것이다. 우리는 모두 '돈'의 노예이다. 그러므로 돈이 무엇인지, 오늘날 돈이 어떻게 만들어지는지를 질문해야 한다. 사회신용론이 거기에 답을 주고 있다. 신용을 사회화해야 하는 것이다. 그리고 이 사회화된 신용을 시민들에게 배당해 주자는 것이다. 은행이 아니라 국가가, 지자체가, 혹은 공신력 있는 민간의 어떤 단위가 돈을 발행해서 배당하면 되는 것이다.

    돈을 모두에게 주는 것이 과연 온당한지 물을 것이다. 대단히 상식적인 답변을 시도해 본다. 누구나 돈에 접근할 권리가 있다. '부富'는 자본가와 창의적인 몇 사람이 아니라 모두가 각자의 방식으로 협력한 결과물이다. 스티브 잡스가 아이폰으로 벌어들이는 그 어마어마한 돈을 스티브 잡스와 그에게 투자한 인간들만 나누어 가져서는 안 된다. 스티브 잡스는 백지에서 아이폰을 만들어

내지 않았다. 멀리 보자면 그는 까마득한 옛날부터 지금껏 이어져 온 인류 문명의 가장 첨단의 자리에서 수학과 정보공학, 시각예술 뿐 아니라 핵심 부품의 원료를 제공한 제3세계 민중들의 고통 위에서 아이폰을 만들어낼 수 있었던 것이다. 부는 근원적으로 자연의 선물이며, 인류의 축적된 유산의 결과물이다. 따라서 예수의 비유처럼 포도원의 주인이 아침부터 일한 사람이든, 저녁 무렵에 도착한 일꾼이든 똑같이 데나리온을 한 닢 주는 것은 극히 당연한, 인간적이고 합리적인 분배 방식이다. 한 데나리온은 당시 유대 세계에서는 적은 돈이었다. 모든 돈을 그렇게 똑같이 나눠주자는 것이 아니라, 누구에게나 '기본적 필요'를 충당할 권리를 주자는 것이다. 그 나머지는 각자가 스스로 일구어 나가는 것이다.

'교육 불가능'이 치유되기 위해서는, 당연하게도 경쟁 시스템이 완화되어야 한다. 누군들 아이들을 이렇게 키우고 싶겠는가. 결국 '돈'으로 향하는 길이 갈수록 좁아지는 상황을 풀어주지 못하는 한, 이 모든 교육개혁 논의는 공허한 이야기가 될 수밖에 없다.

◉ 나의 희망

그러므로 나의 희망은, 풀무학교 전공부 같은 내 학교를 내가 사는 곳에서 소박하게나마 만드는 것이다. 이런 작은 학교가 곳곳에 만들어지고 뿌리내릴 수 있다면 얼마나 좋겠는가. 그리고 그들에게 최소한의 물질적 삶을 보장하기 위해 사회신용론에 바탕한 '공공 통화'를 발행할 수 있도록 농업 부흥의 의제를 제기하고 실천하는 것이 또한 나의 꿈이다. 둘 다 그럴듯하게 들릴지언정, 꿈 같은 소리로 치부될 가능성이 높다. 이 글을 읽는 많은 이들 또한 그러할 것이다. 그러나 분명히 말할 수 있는 것은 진보진영에서 한창 이야기되는 '핀란드 교육 모델'이라든지 '복지국가'보다는 이것이 훨씬 실질적이며 근본적이며 또한 가능성 있는 이야기라고 나는 생각한다. 가까운 벗들에게 이런 이야기를 하면 고개를 끄덕이면서 또한 갸웃거린다. 그러나 나는 이반 일리치 Ivan Illich가 말했듯, '기대 expect'가 아니라 '희망 hope'을 갖고 있다. 누군가에게 기대하는 것이 아니라 내가, 우리가, 직접 해 보자는 것이다. 아무리 생각해 봐도 이것 말고는 달리 다른 길이 없기 때문이다.

ⓒ 『변방의 사색』, 이계삼 지음, 꾸리에, 2011

작가 소개

이계삼

교육자, 사회운동가. 11년간 중등 국어교사로 재직했다. 2009년부터 시민사회단체, <녹색평론> 독자모임, 농민회 등과 함께 풀뿌리 협동조직인 '밀양두레기금 너른마당'을 운영하고 있다. 저서로는 『나는 어떤 삶을 살아야 할까』, 『고르게 가난한 사회』 등이 있다.

느낌들

우리는 공부라 하면 대개 상급 학교로의 진학, 자격의 취득 등 수단으로서의 공부를 자연스레 떠올린다. 공부가 생계의 수단, 직업의 획득과 직결되는 사회에 살고 있기 때문일 것이다.

전직 교사였던 저자는 풀무학교 전공부와 같이 농부가 되고 싶은 사람들이 마음껏 공부할 수 있는 공간, 그리고 그들이 사회에 나왔을 때 최소한의 물질적 삶을 보장받을 수 있는 사회적 안전망을 꿈꾼다. 혼자 꾸는 꿈은 그저 꿈이지만, 함께 꾸는 꿈은 현실이 된다고 했다. 이것은 모두가 기피하지만 누군가는 나서야 하는 사회적 책임을 동반한 배움에 대한 이야기이다.

질문의 크기가 네 삶의 크기다

양희규

배움은 질문에서 시작된다. 그런데 언젠가부터 학교에서 질문이 사라졌다. 〈조선일보〉에서 학생들에게 수업 시간에 질문을 얼마나 하느냐고 묻자, 40퍼센트가 넘는 응답자가 한 번도 안 한다고 답했다고 한다. 더 놀라운 사실은 응답자 중 45퍼센트는 교사에게 질문을 하거나 교사 의견과 반대되는 의견을 냈다가 꾸중을 듣거나 무시당한 경험이 있다고 했다. 학교가 배움의 장소로서 부적합한 곳이 돼가고 있는 것이다. 학교가 살아나려면 질문이 살아나야 한다. 학생들이여, 용기를 가지고 질문을 하자. 질문의 크기가 삶의 크기를 결정한다는 말도 있지 않은가!

🔊 제가 초등학교 1학년 때 일이에요. 선생님께 질문을 한 적이 있는데요, 아직도 그 일이 께름칙하게 남아 있어요. 그게 뭐냐면요, 초등학교 들어가기 전부터 한 가지 궁금한 게 있었거든요. 겨울이면 무척 추운데, 햇볕이 내리쬘 때 담장 앞에 앉아 있으면 아주아주 따뜻하잖아요. 그래서 저는 태양과 좀 더 가까운 곳으로 가서 햇볕을 쬐면 훨씬 더 따뜻할 거라고 생각하고 뒷산으로 가봤어요. 뒷산은 우리 집 담장보다 높으니까 태양과 더 가까울 테니까요. 그런데 제 생각과 달리 우리 집 담장 앞보다 더 춥지 뭐예요. 정말 이상했죠. 왜 태양과 더 가까운데 담장 앞에 있을 때보다 더 추울까? 그런 의문이 사라지지 않고 계속 맴돌았죠. 그래서 어느 날 수업 시간에 용기를 내어 손을 번쩍 들고 선생님께 질문을 했어요.

"선생님, 태양은 우리 집보다는 뒷산에서 더 가까운데요, 왜 우리 집 담장 앞이 뒷산보다 더 따뜻한가요?"

🔊 그래, 선생님은 뭐라고 대답하셨지?

🔊 저는 사실 선생님의 대답에 잔뜩 기대를 하고 있었어요. 그런데 선생님은 아무 말씀도 하지 않으시는 거예요. 마치 아무도 질문을 하지 않은 것처럼 말이죠. 선생님은 아무 대답 없이 수업만

묵묵히 하셨어요. 그래서 저는 무척 당황했죠.

'선생님이 내 말을 못 들으신 건가? 그럴 리가 없는데. 그렇다면 내가 정말 바보 같은 질문을 한 것일까?'

수업은 계속 진행되었고 그렇게 하루 수업이 모두 끝났어요. 저는 힘없이 터벅터벅 걸어서 집으로 돌아왔는데, 평소와는 달리 방과 후에 친구들과 놀고 싶지도 않았어요. 한참이나 집 마루에 걸터앉아 하늘을 바라보았지요. 뭉게구름이 움직이는 모습을 바라보며 여러 가지 상상 속에 빠져들었는데, 그제야 기분이 좀 좋아지더라고요. 그때 다시 학교에서 있었던 일을 골똘히 생각해 봤죠.

'왜 선생님은 내 질문에 아무 대답도 하지 않으신 걸까?'
아무리 생각해도 그 이유를 알 수가 없었어요.

🔊 같은 질문을 다른 사람에게도 해본 적이 있니?

🔊 아뇨. 그때 그런 식으로 무시를 당한 것 같아 어느 누구에게도 그런 질문을 한 적이 없어요. 제가 용기가 없어서 그랬는지도 모르죠. 아니면 그 일에 관해 더는 생각하고 싶지 않아서였는지도 모르고요. 그 후로 더는 학교에서 질문을 하지 않았던 것 같아요.

질문하지 않고 배울 수 있을까

🔊 저런, 초등학교 1학년 때 벌써 질문을 하지 않게 되었다니, 정말 불행한 일이구나. 질문이 없다는 건 말이야, 아무것도 배우지 않고 있다는 뜻이거든. 그럼 넌 그때부터 지금까지 아무것도 묻지 않고 살아왔단 말이니?

🔊 물론 그런 건 아니에요. 엄마에게는 편하게 질문을 하죠. 엄마는 제 질문에 친절하게 대답해 주시거든요.

🔊 그건 불행 중 다행이구나.

🔊 전 나름 행복한 어린 시절을 보낸 편이죠. 하지만 학교에서 아무 질문도 하지 않고 하루 종일 선생님 이야기를 듣고 있기란 정말 힘들었던 것 같아요.

🔊 그래, 맞아. 그건 정말 힘든 일이지. 한번 생각해 봐라. 네 친구가 네 이야긴 하나도 듣지 않고 자기 말만 일방적으로 4시간 이상 해댄다면…. 와! 그건 정말 누구라도 참을 수 없을 거야. 그런데 학교에서는 그런 일이 매일매일 일어나고 있구나.

🔊 저는 학교에서 주로 상상을 많이 하는 편이에요. 동화책에 나오는 친구들을 차례대로 불러내거나 상상의 인물들을 만들어내곤 하죠. 가끔 선생님이 수업 외의 다른 일을 하고 계실 때, 친구들과 이야기하거나 장난치는 일은 정말 재미있고요.

🔊 그건 어린 시절 교회에 가서 지루한 설교를 듣는 것하고 비슷하구나. 난 늘 종이에다가 무언가를 열심히 적었단다. 물론 설교를 받아 적은 것은 아니고 종이에다가 여러 가지 상상을 끄적였거든. 그럼 다른 사람이 보기에는 열심히 설교를 듣는 것 같아 보이고, 난 내 나름의 좋은 시간을 보낼 수 있었지.

🔊 초등학교 때 제 생활기록부에는 늘 이렇게 적혀 있었어요.
　'심성이 착하나 주의가 매우 산만함'.
저는 그 당시에는 '주의가 산만'하다는 말이 무슨 뜻인지 몰랐어요. 엄마가 그것에 관해 아무 말씀도 없으신 걸 보면서 별 문제가 없는 것이라고 생각했죠.

🔊 그럼 지금은 그 말이 무슨 뜻인지 아니?

🔊 그럼요. '주의가 산만'하다는 말은 제 시선이 선생님에게 붙어

있지 않고 앞으로 뒤로 여기저기 마구 돌아다닌다는 거잖아요. 쉽게 말해서, 제가 선생님 말을 집중해서 듣지 않았다는 거죠. 하지만 지금 생각해 보면 저는 상상을 하거나 친구와 장난치면서도 선생님 이야기는 대체로 듣고 있었던 것 같아요.

배움은 질문에서 시작된단다

🔊 그래? 그것 참 신통하구나. 그것도 능력이지. 안 듣는 것 같으면서도 듣는 것은 능력이란다. 내 친구 중에는 자면서도 듣는 친구가 있었지. 수업 시간에 늘 자는데도 성적은 그럭저럭 나오는 게 참 신기했거든. 그래서 물었더니 자다가 가끔 깨어나면 칠판을 한 번씩 쳐다보는데, 그때 본 것이 늘 시험에 나온다나, 뭐라나. 어쨌거나 질문 한번 하지 않고 일방적으로 듣기만 하는 수업에서 주의가 산만하지 않을 수 있다는 것은 거의 기적이겠지. 특히 초등학교 시절엔 말이야. 하지만 네가 학교에서 질문을 하지 않게 된 것은 참으로 안타까운 일이야. 그건 너만이 아니라 우리나라 많은 학생에게 일어나고 있는 비극적인 일이기도 하지. 왜냐하면 모든 배움은 질문에서 시작되기 때문이란다.

🔊 모든 배움이 질문에서 시작된다고요? 그게 무슨 뜻인가요?

질문 없이는 배울 수 없단 말인가요?

🔊 글쎄다. 한번 생각해 보자, 질문 없이 과연 배울 수 있는지. 내 생각에는 진정 뭔가 배우고자 하는 사람은 반드시 마음속에 질문을 가지고 있을 것 같거든. 예를 들면, 네가 정말 강아지를 키우고 싶다고 해보자. 그럼 넌 강아질 어떻게 키워야 할지 알고 싶지 않겠니?

🔊 강아지를 키우고 싶다면 당연히 강아지를 어떻게 키워야 할지 생각하게 되겠죠.

🔊 그래, 그럴 거야. 강아지를 어떻게 키워야 할지 생각하게 되면, 넌 당연히 강아지에 관해 여러 가지 질문들을 마음에 이미 가지고 있을 거야.
　'강아지는 어떤 음식을 좋아할까?'
　'강아지에게 어떤 집이 필요할까?'
　'강아지 똥은 어떻게 치워야 할까?' 등등.
즉 질문을 갖는다는 것은 무언가 알고자 하는 호기심과 욕구를 드러내는 거란다. 그래서 만일 네가 강아지를 키우고 싶다는 말을 하긴 하는데 강아지에 관해 아무런 질문도 가지고 있지 않다면,

사실상 넌 강아지를 키우고 싶은 욕구가 없다는 거지. 마찬가지로 네가 학교에서 아무런 질문도 하지 않는다면, 넌 배움에 대한 아무런 호기심도 없이 선생님 강의를 그냥 물리적인 소리로 듣고 있다는 거야. 그건 엄격한 의미에서는 아무것도 배우지 않고 있다는 거나 마찬가지지. 알고자 하는 호기심과 욕구 없이는 아무것도 제대로 배울 수 없는 법이거든. 그래서 많은 사람들이 학교를 6년, 12년 다녔는데 도대체 무얼 배웠는지 모르겠다는 이야길 하는 거야. 우리 마음에 배우고자 하는 마음이 없다면 질문이 생기지도 않을 것이고, 질문이 생기지 않는다면 사실상 아무것도 배우지 않는다는 거지.

🔊 한마디로, 질문이란 무언가 배우고자 하는 호기심과 욕구를 나타낸다는 말씀이죠? 그래서 배움에서 질문이 중요하다는 말씀 아닌가요? 그렇다면 제가 초등학교 1학년 때 한 질문도 뭔가 배우고자 하는 제 마음을 나타내는 것이었을까요?

🔊 물론이지. 넌 그 당시 무언가 알고 싶어 했고, 또 상당히 좋은 질문을 했던 거지. 하지만 네 질문은 대답하기 어려운 질문이기도 했단다. 그래서 그 선생님은 어떻게 대답해야 할지 당황하신 나머지 네 질문을 피하셨을지도 몰라. 그런데 넌 그때 질문을 무시당

하니까 상처를 받은 거고.

🔊 그랬던 것 같아요. 그때 선생님이 그냥 솔직하게 '아 나도 잘 모르겠구나. 나도 공부해 올 테니 너희들도 생각해 오너라. 그리고 다음 시간에 함께 이야기해 보자꾸나.' 뭐 이렇게 웃으면서 말씀하셨으면 그 이후로도 질문을 많이 했을 것 같아요. 그 후로 질문을 하지 않으니까 공부에 점차 흥미를 잃은 게 아닐까 하는 생각도 들어요. 그렇다고 학교 분위기가 질문을 유도하는 것도 아니고요. 그래서 저뿐만 아니라 대다수 제 친구들도 학교에선 거의 질문을 하지 않죠. 그래서 학교 생활을 6년, 9년, 12년 하다 보면 아예 질문하는 것이 무엇인지 잊어버리게 되는 게 아닌가 하는 생각마저 들어요.

💧 **네 질문에 대답해 줄 사람을 만나면 인생이 크게 달라질 거야**

🔊 쉽지 않겠지만 지금이라도 늦지 않았으니 용기를 내보렴. 뭔가를 제대로 배운다는 것은 끊임없이 질문을 던지는 과정이란다. 그 과정에서 때론 스스로 답을 찾기도 하고 때론 답을 찾지 못할 수도 있겠지만, 누군가와 질문도 하고 대화도 나눈다면 정말 많은 것을 배울 수가 있지. 넌 다행히 질문을 할 수 있는 좋은 부모님이

계셔서 배움에 대한 호기심을 잃지 않고 배울 수 있었던 거야. 하지만 앞으로 넌 부모님이 대답하기 어려운 질문들도 하게 될 거야. 그러니 네 질문에 대답해 줄 수 있는 분을 찾아야겠지. 먼저 학교 수업 중에 용기를 내어 질문을 하면 좋겠다. 처음에는 질문하기 어렵겠지만, 자꾸 하게 되면 익숙해질 거야. 하지만 그것이 정 어렵다면 선생님을 개인적으로 찾아가는 것도 좋을 것 같구나. 쉬는 시간이나 점심 시간을 이용해서 말이다. 인생은 배움의 여행이라고 할 수 있단다. 우린 태어나서 죽을 때까지 배우면서 살아간다는 뜻이야. 그 배움의 여행에서 친절하고 지혜로운 분들을 만날 수 있다면, 넌 많은 것을 배울 수 있을 것이고, 그럼 네 인생이 크게 달라질 거야. 그러니 반드시 그런 분들을 찾는 것이 중요하단다. 나도 인생을 살아오면서 그런 분들을 몇 분 만날 수 있었고, 그게 내 인생을 크게 바꾸어 놓았거든.

ⓒ 「10대, 너의 배움에 주인이 되어라」, 양희규 지음, 글담출판, 2012

작가 소개

양희규

계명대 경제학과에 입학한 뒤 철학과로 편입하여 졸업했다. 철학박사 과정에 이르기까지 '인간은 왜 불행한가'에 천착하다 인간이 불행한 가장 큰 원인은 잘못된 사회 구조에 있다고 결론지었다. 이후 우리나라 최초의 대안학교인 '간디국제학교'를 세워 인간의 행복에 관해 연구하고 가르치고 있다.

느낌들

"하늘은 왜 파랄까?" "바다는 왜 짤까?" 한때 우리는 모든 문장에 '왜'를 꼬박꼬박 챙겨 넣는, 질문의 장인들이었다. 그러나 커갈수록 '중요한 문제일까?' '예의에 어긋날까?' '다른 사람은 아는 내용 아닐까?'와 같이 스스로를 향한 엄정한 검열 속에서 궁금증을 도로 삼키곤 한다. 길 잃은 우리의 질문은 엉뚱하게도 포털 사이트에 한데 모여 '지식'으로 재배열돼 인터넷을 떠돌고 있다.

배우는 자에게서 터져 나오는 질문은 흙을 뚫고 나온 새순처럼 당차고 풋풋하다. 용기 있게 질문한 자에게 보내는 격려와 지지는 새순을 키우는 봄볕처럼 따스하게 그를 성장시킬 것이다. 질문하는 사람과 질문을 품어주는 사람이 함께 어우러지는 한, 우리는 언제나 배움의 봄날을 맞이할 수 있다.

땀에 젖은 지폐를 거부하는 사회에서 길 찾기

열정은. 없고. 쾌락만. 남아. 있는. 경험은. 체험일. 뿐이다.

엄기호

사회자 오늘은 『이것은 왜 청춘이 아니란 말인가』의 저자, 청춘의 인문학자 엄기호 선생님 모시고 강의를 듣도록 하겠습니다. 박수로 맞이해 주세요.

엄기호 만나 뵙게 돼서 반갑습니다. 저는 지금 덕성여대와 연세대학교 원주캠퍼스, 상지대에서 시간강사로 있습니다. 강사는 주업이 아니라 부업입니다. 사실 제일 열심히 하는 건 아니지만 제가 주로 관심을 가지고 있고 정성을 기울이고 있는 건 인권연구소 '창'이라는 곳에서 우리나라의 인권 담론을 급진적으로 만드는 일입니다. 그런데 오늘은 인권에 대한 얘기가 아니라 공부를 주제로 얘기하려 합니다. 제가 대학에서 학생들과 어떤 공부를 같이 하고, 어떤 문제점들이 있는지 그리고 길을 찾는 공부란 어떤 것인지 얘기를 하려 합니다.

♦ 제 시험문제는 오픈북에 전화찬스까지 쓰셔도 됩니다

엄기호 사실 며칠 전 덕성여대에서 제가 가르치고 있는 학생들, 아니 저와 같이 공부하고 있는 학생들이 기말고사 시험을 보는 날이었습니다. 덕성여대에서 제가 지금 2년째 강의를 하고 있는데 제 수업도 어렵지만, 수업보다 학생들이 더 기가 막혀 하는 게 제 시험문제입니다. 저는 시험문제를 내면 기본적으로 오픈북입니다. 그러니까 자기가 참조하고 싶은 걸 전부 가지고 와서 답을 써도 되고, 심지어 상의를 해도 되고, 며칠 전 시험문제 같은 경우는 전화찬스를 써도 된다고 했습니다. 친구나 부모한테 전화해서 물어보고 엄만 이렇게 얘기하더라, 이렇게 써도 된다고 얘기했습니다. 사실 똑같은 시험문제를 상지대에서도 냈는데 그때는 아예 집에 가서 3일 동안 써 오라고 했습니다. 그때도 제가 널리널리 많이 물어보라고 했습니다. 엄마한테도 물어보고 아버지한테도 물어보고 할아버지한테도 물어보고 친구한테도 물어보라고 했습니다. 시험문제가 무엇인지는 잠시 후에 말씀드리겠습니다.

제가 이런 시험문제를 내는 가장 큰 이유는 지금 대학이나 중·고등학교에서 공부를 너무 많이 해야 합니다. 시험도 봐야 하고, 스펙도 쌓아야 하고, 이것저것 해야 되니까 학생들이 많이 하는 한탄 중의 하나가 공부하느라 공부할 시간이 없다는 겁니다. 이게 어떤 역설인지 아마 잘 아실 겁니다. 기말고사 보고 한 학기가 끝나고 나면 학생들이 이런 식으로 평가를 많이 합니다. 굉장히 열심히 공부했는데, 정신없이 보냈는데 뭐가 남았는지는 하나도 모르겠다고 얘기합니다. 전 교수가 아니라 시간강사입니다. 시간강사가 좋은 것 중 하나는 언제나 잘릴 준비가 되어 있다는 겁니다. 교수는 생계 문제가 걸려 있으니 조심해야 하죠. 하지만 전 시간강사라서 자르든가 말든가 별로 상관 안 하고 살 수 있어요. 그래서 전 어디 가서 얘기할 때 그 어느 것도 제 주업이라고 얘기를 안 합니다. 학교에서 강의한다고 하면, "강사가 주업이시군요." "아니요, 저는 인권연구소에서 일합니다." "그게 주업이시군요." "아니요, 제가 사실은 국제 연대운동을 하고 있거든요." "그럼 그것이군요." "아니요, 제가 사실은 책을 쓰고 있습니다." 재밌는 사실은 어느 것 하나도 주업으로 안 만들어 놓으면 한 군데쯤 잘려도 타격이 별로 없습니다.

제가 시험문제를 그렇게 내는 가장 큰 이유는 시험이 공부한 것을 테스트하는 것이 아니라 공부를 경험할 수 있는 또 다른 시공간이 되어야 한다는 생각 때문입니다. 사실 오늘 제가 여러분한 테 말씀드리고 싶은 주제의 핵심이 바로 이 '경험'입니다. 공부를 한다는 것과 공부를 경험한다는 것. 전 이 두 가지가 굉장히 다르 다고 생각합니다. 경험이라고 하는 것이 우리에게 가져다주는 건 깨달음입니다. 공부를 경험했을 때는 공부가 무엇인지 알게 됩니 다. 그리고 '아, 이게 공부구나'라는 깨달음 속에서 공부가 즐거운 건지 괴로운 건지, 나한테 맞는 건지 맞지 않는 건지, 공부라고 하 는 걸 내가 계속해야 되는지 말아야 되는지, 이런 것들을 판단할 수 있습니다.

이런 판단을 하기 위해서는 공부가 뭔지 알아야 합니다. 하지만 많은 경우에 공부를 하는 것으로는 공부가 뭔지를 알 수가 없습 니다. 책을 아무리 들여다보더라도 공부 자체를 경험하긴 힘듭니 다. 공부한 내용은 외울 수 있겠죠. 라캉을 배우고, 들뢰즈를 배우 고, 푸코를 배우고, 헤겔을 배우고, 미적분을 배우면 그 내용은 알 수 있지만 공부 자체가 무엇인지, 그게 나한테 어떤 의미가 있는 건지는 알 수 없습니다. 그렇기 때문에 공부를 하면서 동시에 공 부를 공부로 경험했을 때 비로소 공부와 내가 어떤 관계를 맺어야 하는지를 알 수 있다고 생각합니다.

제가 시험문제를 요상하게 내고, 요상한 방식으로 풀게 하는 이 유 중 하나가 바로 공부를 압축적으로라도 경험하게 하기 위해서입니다. 아까 말씀드린 것처럼 '경험'한다는 게 무엇인지가 오늘 여러분과 나누려고 하는 가장 큰 주제입니다.

♦ 처음에는 만나서, 다음에는 전화로, 마지막에는 문자로

엄기호 자, 그럼 제가 낸 시험문제는 무엇일까요? 보통 대학교에서 시험은 한 시간 봅니다. 제 시험은 기본적으로 세 시간입니다. 제일 먼저 나가는 학생은 두 시간 만에 나가요. 원주에서 제일 길게 본 학생은 네 시간 반이나 시험을 본 적이 있습니다. 아침 9시부터 시험을 보다가 오후 1시가 넘어서 "야, 이제 우리 밥도 먹어야 될 거 같은데. 이만 집에 가면 안 될까?"라고 했더니 이 학생이 "잠시만 기다리세요." 그러더니 마무리를 짓고 답안지를 냈습니다. 저는 한 시간에 시험을 본다는 게 굉장히 말이 안 된다고 생각합니다. 시험이 순발력 테스트하는 게 아니잖아요?

시험문제가 무엇인지 알려드릴 테니까 여기 계신 분들도 한번 답을 해 주셨으면 좋겠습니다. 이건 실화입니다. 저에게 명문대 법대생이던 한 친구가 있어요. 굉장히 공부를 잘했고 할 줄 아는 건 공부밖에 없는 친구입니다. 법대를 들어가고 난 다음 이 친구는 사법고시 준비를 했습니다. 이 친구는 결정적으로 아버지의 가정폭력이 정말 심했기 때문에 빨리 사법고시에 붙어 집에서 탈출하기를 정말 바랐어요. 친구 집이 중산층이긴 한데 이 친구는 집이 지옥이라고 생각했기 때문에 빨리 벗어나고 싶어 했습니다. 그런데 공교롭게도 얘가 대학에 들어가서 이런저런 경험을 하면서 자기가 일본 문화를 좋아한다는 걸 알게 됐습니다. 일본 애니메이션이나 생태문제에 관심이 많았어요. 일본 애니메이션 가운데 유명한 미야자키 하야오는 이런 문제를 많이 다루잖아요. 여기에 굉장히 매료된 친구는 법학 공부보다 그걸 더 하고 싶다는 생각을 했지만 어쨌든 중요한 건 집에서 빨리 탈출하는 것이었습니다. 하지만 안타깝게도 사법고시에 계속 실패했어요. 졸업하고 한 3년 동안 도전했는데 계속 실패하다가 집에서 가정폭력이 계속 일어나자 결국은 가출을 했습니다.

가출해서 PC방이랑 만화방 같은 곳을 전전하면서 살다가 노숙자가 됐어요. 노숙자로 길거리를 떠도는데 이 친구에게 정말 수중에 돈이 10원도 없는 날이 왔습니다. 급기야 대학교 때 친했던 친구들, 선배들한테 전화를 해서 돈을, 구걸이라고 표현하긴 좀 그렇지만 아무튼 돈을 받게 되었습니다. 친한 친구들이 처음엔 많이 도와줬어요. 이 친구는 돈을 받으면 사라졌다가, 돈이 떨어지면 또 연락을 해서 돈을 받고, 이런 일이 계속 반복됩니다. 이제 친구들도 지치게 됩니다. 급기야 이 친구가 성직자가 된 자기 선배한테까지도 돈을 빌려 달라고 요구, 아니 요청을 합니다.

이런 과정 속에서 굉장히 의미심장한 변화가 일어납니다. 처음에는 만나서 달라고 하다가, 다음에는 전화로 달라고 하다가, 그 다음에는 문자로 계좌번호만 보내면서 돈을 달라고 요청하는 겁니다. 그래서 성직자가 된 이 선배가 처음에는 도와주다가 또 문자로 연락이 온 겁니다. 이 성직자는 계속 돈을 줄 수는 없고 어떻게 할지 고민합니다. 그래서 인문학 공부를 하고 있는 여러분에게 어떻게 하면 좋겠냐고 조언을 구했어요.

이게 며칠 전 시험문제입니다. 시험문제는 제가 인류학과였기 때문에 '인류학자인 너에게 조언을 구했다, 너는 어떤 조언을 하겠느냐? 그리고 그런 조언을 하게 된 이유를 수업시간에 배운 개념을 가지고 설명을 해라'였습니다. 제가 왜 이런 문제를 냈는가는 잠시 후에 얘기하고, 어떤 게 가장 좋은 조언일까요?

시험문제를 그대로 설명하자면 '이 돈을 빌리러 다니는 아이로부터 우리 시대의 동시대성을 발견하고, 동시대성이 보여 주는 우리 시대의 문화적 특성을 발견하고, 그 문화적 특성 속에서 어떤 조언이 필요한가를 쓰고 그 이유를 밝혀라'입니다. 문화적 특성과 조언과 조언이 나오게 된 배경에 대해. 자, 어떤 조언이 제일 좋을까요? 이 사람은 성직자이기 때문에 어떤 형태로든 도와주기는 합니다. 이 성직자는 그 인류학자한테 "네가 좋은 대답을 못 해주면 나는 돈을 계속 줄 것이다"라고 협박을 했어요. 자, 어떻게 하는 게 제일 좋은 조언일까요?

청중A 전화를 한 사람은 우리 사회가 갖고 있는 사회적 안전장치나 시스템 밖에서, 예전 방식의 마을 공동체적인 입장으로 도움을 청했다고 생각합니다. 개인적 친분이 있는 사람들에게 도움을 청했는데 사실 돈을 주는 행위는 그 사람을 진정 도와주는 일이 아닙니다. 이 사람의 문제는 돈이 아니라고 생각합니다. 저는 그 사람을 전화기 밖으로 끄집어내어 사회 시스템에 편입시키는 노력이 제일 중요한 부분이 아닐까 생각합니다. 제가 성직자라면 사회 시스템으로 어떻게 복귀시킬까에 대해 고민할 것입니다.

엄기호 그렇죠. 우리가 이 친구를 사회 시스템이든 공적 영역이라 부르든, '세계'라고 부르는 곳에 불러들여야 합니다. 자, 그럼 그러기 위해 어떤 조언이 가능할까요?

청중A 성당이나 교회에 가서 일정 시간 봉사를 하게 만들고, 그 봉사의 대가를 주는 방식이 좋을 듯합니다.

엄기호 어떻게든 일을 하게 하면서 그 대가를 받을 수 있게끔 해야 된다는 거죠. 돈만 주는 형태로 되어선 안 된다고 생각하시는군요. 수업 답안지 가운데 꽤 많은 학생이 그렇게 얘기하더라고요. 또 다른 의견 있으세요?

청중B 그 친구가 많이 지쳐 있을 것 같다는 생각이 들어요. 염치도 점점 없어지고, 피폐해지니까 신부님께서 토닥여 주면 좋겠습니다. 그 친구와 같이 여행을 가거나, 봉사활동을 한다든지, 사회활동을 경험할 수 있는 계기를 만들면서 생에 대한 긍정적인 인식을 만들고 사회에 편입할 가능성을 가질 수 있도록 회복을 먼저 시켜 주는게 필요할 것 같습니다.

히키코모리는 방 안에 틀어박힌 노숙자

엄기호 여러분 대답을 들으니 우리 사회가 굉장히 희망이 있다는 걸 재발견하게 되네요. 딱 한 학생이 그렇게 썼어요. 그 친구가 아마 좋은 점수를 받을 예정입니다.

좋은 대답 잘 들었습니다. 말씀하신 것 중에 여행을 보내는 건 한 번 했습니다. 갔다 와서 노동을 하는 게 좋지 않을까 싶어 3개월 동안 저희가 시골에 보냈어요. 생태 농업 하는 곳에 보냈는데, 반짝 좋아지다가 다시 제자리로 돌아와 버렸습니다.

제가 지금 말씀드린 이 친구는 제 후배입니다. 제가 이 시험문제를 낸 이유는 이 친구를 '우리 사회의 병리적인 현상으로 볼 것이냐, 아니면 예외적인 현상으로 볼 것이냐'를 묻기 위해서입니다. 이 친구로부터 우리가 살아가는 시대의 어떤 문화적 특성을 추출해 낼 수가 있는가, 만약 우리가 이 친구로부터 어떤 문화적 특성 또는 우리 사회가 경향적으로 가지고 있는 어떤 문화적 특질을 추출해 낸다면 그건 우리 사회의 경향성 문제가 되는 겁니다. 만약 이것이 이 친구의 개인적인 특성에 의한 것이라면 심리 치료나 정신의학적 치료가 훨씬 더 필요하겠죠.

우리가 인문학을 공부한다는 건, 특히 저처럼 문화를 공부한다는 건 우리 사회가 가지고 있는 어떤 경향성을 파악해 내는 게 매우 중요한 일이라고 생각합니다. 우리 사회가 구조적으로 이런 경향성, 문화적인 특징을 가지고 있다면 '동시대성'이라고 표현할 수 있습니다. 그 친구를 우리와 동시대인으로 생각했을 때는 이 문제를 접근하는 방식이 꽤장히 달라질 수밖에 없습니다.

사실 이 친구와 같은 유형의 사람들은 많이 나타나고 있습니다. 양상이 조금씩 다르게 표현될 뿐이지요. 예를 들면 히키코모리(은둔형 외톨이)가 있습니다. 저는 히키코모리를 '방 안에 틀어박힌 노숙자'라고 표현합니다. 방 안에만 있어서 사람들 눈에만 보이지 않을 뿐이지 이런 노숙자, 방 안에 틀어박힌 이방인, 방 안에 틀어박힌 소수자라고 표현할 수도 있을 겁니다. 아무튼 우리 사회에서도 히키코모리가 점점 늘어나고 있는 추세입니다. 노숙자들도 많고요.

그럼 이런 사람들에게서 어떤 동시대성을 발견할 수 있을까요? 이 친구는 처음에 페이스 투 페이스, 즉 얼굴을 마주보는 '면 대면' 커뮤니케이션을 하다가 다음에는 전화를 하다가 그다음에는 문자로 건너갔죠. 여기에서 우리가 무엇을 발견할 수 있을까요? 중요한 문제입니다. 단도직입적으로 말씀드리자면 이 친구는 지금 인간이 아닙니다.

땀에 젖은 지폐를 거부하는 사회

엄기호 하이데거의 철학에 대해 설명한 한나 아렌트에 따르면 우리는 그냥 태어난다고 해서 인간이 되는 건 아닙니다. 인간에게는 하이데거가 얘기한 '세계 내 존재'라는 의미의 고유한 특징이 있습니다. 세계라는 건 인간 바깥에 존재하는 게 아니라 인간 안에 있다는 게 하이데거와 아렌트의 주장입니다. 다른 말로 하면 나와 다른 사람 사이에서 발생하는 것이 세계라는 겁니다. 사람이라고 하는 것은 관계 속에 있을 때 비로소 세계가 창조된다고 얘기합니다.

사실 서양 철학에서는 굉장히 오랜 시간을 거쳐 하이데거가 발견하고 아렌트에 의해 설명된 거지만 동양의 입장에서 보면 아주 옛날부터 너무나 잘 알고 있었던 사실입니다. 인간人間이라는 말 자체가 '사람 사이'라는 뜻이잖아요? 우리는 사람 사이에 있을 때만 인간이 될 수가 있습니다.

이걸 응용해서 얘기하면 이 친구는 지금 사람 사이에 존재하지 않는 셈입니다. 물론 사람 사이에 있기는 있어요. 자기가 돈을 달라고 요청하는 친구들 사이에 있지만 이 친구와 다른 사람들의 관계라는 건 오로지 돈과 문자 즉 보편화되고 디지털화되어 있는 관계인 겁니다.

돈의 가장 큰 특징 두 가지가 있습니다. 첫 번째로 돈은 보편적 매개체입니다. 사람 사이를 매개하는 가장 보편적인 것이죠. 돈만 있으면 미국에서도 커뮤니케이션 할 수 있고, 남아프리카공화국에서도 소통할 수 있습니다. 어떤 물건이든지 살 수 있습니다. 그런 면에서 돈은 보편적 매개체입니다. 두 번째로는 돈은 배타적 매개체입니다. 왜냐하면 돈 이외의 것으로는 매개될 수가 없다는 뜻입니다. 배타적이라는 건 돈 바깥으로 나가면 사실 우리가 할 수 있는 게 아무것도 없다는 뜻입니다. 이 친구가 돈을 필요로 하는 이유가 뭐겠어요? 돈이 배타적이기 때문에 돈이 있어야만 자기가 존재할 수 있는 겁니다.

진중권 선생이 〈한겨레〉에 쓴 칼럼을 보면, 한진중공업 자판기에 노동자들한테 "지폐를 넣지 마시오"라고 적혀 있다고 합니다. 노동자들이 워낙 땀을 많이 흘리면서 일을 하니까 호주머니에 넣어 놓은 지폐들이 땀에 젖어서 자판기가 인식을 못 한다는 거예요. 노동자의 돈을 거부하는 거죠. 기계가 노동자의 땀 묻은 돈을 거부하는 겁니다. 저는 이게 굉장히 상징적인 사건이라고 생각합니다. 노동자의 주머니에서 정말 소금땀에 젖은 만 원짜리와 명절 때 "새해 복 많이 받으세요." 한마디 하고 받은 만 원짜리는 보편적 매개체라고 하든, 배타적 매개체라고 하든 자본주의 사회에서는 똑같은 만 원짜리입니다. 하지만 우리 인간에게 두 종류의 돈이 가지는 의미는 완전히 다릅니다.

돈의 소중함을 안다는 건 돈의 폭력성을 깨닫는 것

엄기호 우리가 학생들한테, 자녀들한테 노동을 시키는 이유가 뭘까요? 돈의 소중함을 알게 한다고 하는 것이지만 사실 돈의 소중함만 깨우치는 것이 아니라 돈이 폭력이라는 걸 깨우치게 만듭니다. 돈이 사람의 노력을 완전히 무화無化시켜 버리는 거죠. 돈은 돈의 뒤에 있는 인간들의 역사, 각자 개인들의 역사와 각자 개인들의 수고와 눈물과 땀과 기쁨을 가려 버립니다.

원주에서 제 수업을 들었던 한 학생이 이걸 재미있게 설명하더군요. 군대에서 주는 월급 몇만 원은 별로 중요하다고 생각 안 했는데, 군대 마치고 복학하기 전에 등록금을 모으려고 막노동을 해 보니 돈 만 원이 같은 만 원이 아니라는 겁니다. 이 학생이 끝까지 주장한 게 뭐냐면, 그때 돈 만 원과 엄마한테 받은 돈 만 원은 절대 같은 만 원일 수 없다는 겁니다. 그런데 이 학생이 돈 만 원을 받아서 은행에 예금하러 가서 보니까 너무 허망한 거예요. 자기는 그렇게 열심히 해서 땀에 젖은 돈을 딱 보냈는데 통장에는 '10,000원' 이렇게 찍혀 나옵니다. 숫자잖아요. 제가 아까 말씀드린 것처럼 사람과 사람 사이의 관계라고 하는 게 사라져 버립니다. 내가 누구랑 관계를 맺고 있었던 건지 이 돈을 준 사람은 누구인지 어떻게 그 돈을 번 건지 다 감추어져 버립니다. 이 학생이 '이 만 원이 그 만 원이 아니다'라는 표시를 하고 싶어서 입금할 때 입금자 이름을 '수혈'이라고 했습니다. 내 피라는 거예요. 대단하지 않나요? 그걸 통해서 아무도 모르지만 자기가 봤을 때는 이때 찍힌 만 원은 완전히 다른 만 원이라는 사실을 상기하는 겁니다.

시험문제의 그 친구에게 돈을 입금하면 그 친구가 받는 건 통장에 찍히는 숫자밖에 안 됩니다. 즉 나와의 관계는 사라져 버립니다. 오로지 숫자로만 존재하게 됩니다. 그렇기 때문에 이 친구는 엄밀하게 얘기한다면 '세계 내 존재'가 아닙니다.

여러분 SNS, 트위터, 페이스북 많이 하시죠? 이런 것들이 세상을 바꾼다고 지금 난리를 치고 있습니다. 저는 그걸 폄하하거나 하지 말라고 말씀을 드리는 게 아닙니다. 저도 영향력을 알고, 하고 있습니다. 하지만 상대방의 얼굴과 상대방의 역사와 상대방이라는 구체성을 제거해 버리고 SNS에만 의지하게 된다면 우리는 모래 위의 '세계 내 존재'가 됩니다. 모래는 가상공간이겠죠? 가상공간 안에서의 존재밖에는 안 됩니다. 굉장히 깨지기 쉬운 것이 되는 셈입니다.

제 친구의 경우는 구체적 만남이라고 하는 모든 걸 거부하고 그 관계가 오로지 돈, 숫자로 환원되기만을 바라고 있는 상태입니다. 숫자로만 관계를 맺으려고 합니다. 그렇기 때문에 이 친구는 세계가 붕괴된 상태입니다.

여행은 카메라와 가이드북이 하는 것, 나는 들러리일 뿐이다?

엄기호 세계가 붕괴된 상태에서 우리가 절대 경험할 수 없는 것이 바로 '경험'입니다. 처음 시작할 때 제가 공부를 경험하게 하고 싶다고 했을 때의 바로 그 '경험'입니다. 이런 경험을 이 친구는 절대 할 수 없게 되어 버린 상태입니다. 막노동으로 번 돈을 통장에 '수혈'이라고 입금한 학생은 몇 년이 지나도 통장을 버릴 수가 없을 겁니다. 통장에 '수혈, 수혈, 수혈' 이렇게 되어 있으니 어떻게 버리겠어요? 나중에 자기 부인이나 자식한테도 그 통장을 보여 주며 말하겠죠. 할 말이 생기잖아요. 내가 해 줄 이야기, 이 이야기가 바로 경험입니다.

경험은 전수될 수 있을 때, 이야기될 수 있을 때, 남에게 전달될 수 있을 때 '경험'이라고 할 수 있습니다. 이 학생이 왜 필사적으로 '수혈'이라는 단어를 썼겠어요? 자기의 경험을 삭제당하고 싶지 않아서입니다. 즉 경험이라고 하는 건 보편화, 일반화되는 것에 굉장히 격렬하게 저항하는 걸 말합니다. 그렇지 않다면 우리는 그걸 경험이라고 이야기할 수 없습니다.

사실 우리 삶에서 이런 경험이라고 하는 게 가면 갈수록 점점 희박해지고 있습니다. 정말 우리 삶에 경험이 남아 있나요? 극단적인 인문학자들은 현대를 '경험이 죽은 시대'라고 표현합니다. 이런 경험은 우리 스스로 죽여 버린 겁니다. 내가 들려줄 이야기가 없는데, 내가 들을 이야기가 없는데, 세계가 어떻게 존재하는가? 그럼 경험은 왜 죽어 버렸는가? 그렇다면 경험의 자리를 대체한 것은 무엇인가? 이게 지금 제가 '열공'하고 있는 주제 가운데 하나입니다.

그럼 '경험의 죽음'이란 게 어떤 건지 예를 들어 보겠습니다. 요즘 해외여행 많이 가시죠? 여행 가면 사진도 많이 찍고, 캠코더로 비디오도 촬영하는 이유가 뭘까요? 기록하고 싶고 간직하고 싶고 다른 사람들과 공유하고 싶고…. 이걸 바꿔 말하면 일반화되고 추상화된 것에 저항하는 어떤 경험을 우리가 기록하고 싶기 때문입니다. 그런데 지금 우리는 역설에 빠져 있습니다. 해외여행 가서 사진은 많이 찍어 왔는데 설명할 말이 없어요. 내가 뭘 찍었는지도 잘 몰라요. 그런 경험 있으시죠?

제가 발리에 여행 갔을 때 경치 좋은 곳에서 휴대전화로 사진 몇 장을 찍었습니다. 전 여행 다닐 때 카메라 안 가지고 가거든요. 경치가 정말 좋아서 감상하는데 주위 사람들이 모두 주둥이 튀어나온 DSLR로 수십 장씩 사진을 찍으면서 저를 한심하다는 듯이 쳐다보더군요. 저도 속으로 생각했어요. '그 무겁고 비싼 DSLR 들고 해외까지 나와서 고생한다.' 앙코르와트 갔을 때도 정말 한적하고 전망 좋은 곳에서 일출을 감상하고 있었습니다. 그런데 어떤 외국인이 제가 서 있는 장소에서 사진을 찍겠다며 비키라는 거예요. 자리는 안 비키고 "난 이 자리에서 이 장면을 감상하겠다, 너도 같이 감상하자"고 했더니 F로 시작하는 욕을 하면서 가더군요.

이게 바로 경험의 죽음입니다. 우리는 더 이상 어떤 매체를 거치지 않고서는 무엇을 향유할 줄 몰라요. 쉽게 얘기하자면 여행은 카메라가 가고 우리는 카메라 심부름꾼이 되었습니다. 카메라가 향유를 합니다. 여행을 가서 내가 감상을 하고 향유를 하고, 너무너무 좋아서 돌아서기 싫은 안타까운 마음에 사진을 찍었을 때 그게 진짜 사진이 됩니다. 가서 얘기할 게 있잖아요. "아, 네가 정말 가서 봐야 되는데. 정말 안타깝다, 안타까워." 이게 바로 보편화, 추상화에 저항하는 경험이 되는 겁니다.

그런데 여행 갔다 와서 직접 느낀 게 없으니 "어, 여기 좋아. 다음 장. 여기 가면 좋아. 다음 장. 이건 내가 왜 찍었지? 넘어가자." 이러면서 사진만 넘기는 겁니다. 경험은 카메라가 했습니다. 우리는 카메라 배달꾼이 되어서는 "네, 카메라님 다음은 어디를 가시겠습니까?", "저쪽으로 가자." 그러면 그쪽으로 갑니다. 사진 찍기 좋은 데로 가는 거죠. 내가 향유하고, 경험하고 싶은 데를 가는 게 아니라 사진 찍기 좋은 데를 갑니다. 욕망의 주체는 카메라입니다.

여행에서 또 다른 게 하나 있습니다. 우리 대신 여행해 주시는 분들, 바로 가이드북입니다. 가이드북이 우리 대신 여행 다 합니다. 유럽 갈 때는 『유럽 100배 즐기기』 같은 책 가지고 가서 요기에서는 "어, 있네." 저기 가서 또 "어, 있네." 이러면서 다니는 겁니다. 다 돌아보면 가이드북이 "아휴, 수고했다." 이렇게 우리에게 말합니다.

진짜 경험이 되기 위해 필요한 것은 바로 '우연'

엄기호 진짜 경험이 되기 위해서 필요한 것은 바로 우연입니다. 이 말은 알랭 바디우라고 하는 프랑스 철학자가 사랑에 대해서 한 얘기인데 저는 그 사랑이라는 단어를 경험으로 치환해서 말씀드리는 겁니다. 어떤 우연이 발생했을 때 우연한 것이 그냥 스쳐 지나가는 것이 아니라 정말 좋아서 필연으로 만들고 싶을 때가 있습니다. '내가 저걸 만난 건 운명이다, 이 예술작품을 보게 된 건 내 운명이다.' 이런 생각이 들 때, 그 자리에 당연히 정지할 수밖에 없습니다. 그리고 한 시간이고, 두 시간이고 세 시간이고…. 시간 가는 줄 모르고 향유하게 됩니다. 자, 이렇게 우연을 필연이자 운명으로 받아들이는 것, 이런 걸 바디우는 사랑이라고 얘기했고, 저는 경험이라고 얘기하고 싶습니다.

그런데 문제가 있습니다. 우연이라고 하는 것이 우리 삶에 주어졌을 때 그걸 예민하게 잘 받아들여야 하는데 우리는 점점 가면 갈수록 우연을 우리 삶에서 추방하고 있습니다. 내 삶에 우연이 개입되고, 내 여행에 우연이 개입되는 걸 못 견뎌 합니다. 왜냐하면 우연이 내 삶에 개입했을 때 흐트러진다고 생각하는 거예요. 무엇이 흐트러지는 걸까요? 바로 일정, 정해진 스케줄이 흐트러집니다. 우리는 스케줄대로 움직여야 하는 존재가 되어 버렸습니다. 스케줄대로 움직였을 때 성공한다고 생각하고 불안해하지 않는 존재가 되었습니다.

조금 전 DSLR이, 가이드북이 여행의 주체가 되어 버린 것처럼, 우리 삶의 주체는 스케줄입니다. 프랭클린 다이어리 아시죠? 거기 보면 초 단위로 우리 삶이 나뉘어 있어요. 계획은 내가 한 것 같지만 주체는 프랭클린 다이어리입니다.

사실 우리가 주체가 된다는 것, 뭔가를 경험하고 향유한다는 것은 그리 쉬운 일이 아닙니다. 우리는 사는 게 불안합니다. "그렇게 해서는 성공하지 못해, 네가 그렇게 하면 불안해질 거야." 불안하면 불안할수록 우리 삶에서 우연이라고 하는 걸 추방하고 싶어 합니다. 왜냐하면 우리는 '우연=위험'이라고 생각하기 때문입니다.

다른 말로 하면 경험이 경험이기 위해서는 위험을 감수해야 된다는 겁니다. 이걸 알랭 바디우가 얘기했던 사랑에 비유하면, 연애를 할 때 차일 걸 감수하면서 연애를 하는 겁니다. 차일 걸 감수하지 않으면서 하는 연애는 연애가 아닙니다. 그런데 우리는 모든 위험을 제거해 버린 연애, 그런 사랑만 하려고 합니다. 그래서 듀오 같은 결혼정보 회사들이 성행하게 되었습니다. 이런 결혼정보 회사의 광고를 잘 보시면 '인생에서 가장 행복한 사람을 만나게 해 줍니다'라는 식으로 홍보를 합니다. 바꿔 말하면 가장 위험이 적은 상대를 만나게 해 준다는 의미입니다. 실패가 없는 거죠. 실패가 없다는 건 모든 경험을 예측 가능하게 만드는 겁니다. 지금 시대는 연애와 결혼까지 예측 가능한 게 되어 버렸습니다. 그냥 길 따라 쭉 가면 되는 겁니다.

♦ '열정은 없고 쾌락만 남아 있는' 경험은 체험일 뿐이다

엄기호 예측 가능한 경험은 진짜 경험이 아닙니다. 경험이라고 얘기할 수 없습니다. 알랭 바디우의 표현을 빌리자면 '저기에는 열정은 없고 쾌락만 남아 있는' 겁니다. 위험을 감수하는 경험, 우연이 있는 경험일 때 우리는 열정을 바칠 수 있습니다. 반면 위험이 제거되고, 우연이 제거되어 있을 때 우리가 받을 수 있는 건 오로지 쾌락뿐입니다.

자, 쾌락만 남아 있는 모험, 어디 가면 할 수 있나요? 위험은 제거된 모험, 어디 가면 할 수 있나요? 바로 놀이동산입니다. 에버랜드나 롯데월드 가면 아무 위험부담 없이 우리 진짜 신나게 모험할 수 있습니다. 위험이 완전히 제거된 모험을 제대로 하고 싶으면 디즈니랜드에 가시면 됩니다.

그런데 여러분은 이런 것을 모험이라고 생각하시나요? 광고 보면 엄청난 모험이라고 하잖아요. 정글, 초원, 맹수, 이런 걸 경험하고 싶으시면 어디로 가면 될까요? 사파리 가면 됩니다. 사파리에 가면 자연 생태계에서 절대 한 번에 볼 수 없는 사자와 호랑이와 백호가 나란히 걸어 다니는 것도 볼 수 있습니다. 사자를 보려면 아프리카에 가야 되고, 호랑이를 보려면 인도나 중국이나 시베리아에 가야 되고, 백호는 그나마 평생 한 번 보는 것조차 불가능에 가깝습니다. 그런데 우리는 한자리에 다 모아 놓고 봅니다. 여기에도 위험과 우연이란 건 제거되어 있습니다.

그렇다면 경험에서 가장 핵심적인 위험은 뭘까요? 호랑이한테 내가 잡아먹힐 수 있다거나 아마존을 여행하다 아나콘다에게 잡아먹힌다거나, 이런 걸까요? 아닙니다. 진짜 경험에는 정말 핵심적인 위험이 있습니다. 이것이 너무 두려워서 경험을 경험하지 않으려고 하는 경우가 많습니다. 전 이걸 직접 경험해 봤어요.

제가 아프리카 세렝게티를 갔는데 사자 한 마리 보려고 차로 다섯 시간을 가야 했습니다. 사자, 코뿔소, 표범, 코끼리, 버팔로 이 다섯 마리를 가리켜 '빅 파이브Big Five'라고 합니다. 제가 3박 4

일 동안 있으면서 이걸 다 봤는데 정말 운이 좋은 경우라는군요. 동물원 가면 30분 안에 다 볼 수 있는 것을 이 초원에서 한 번 보려면 3박 4일 동안 찾아다녀야 합니다. 운 나쁘면 3박 4일 동안 한 마리도 못 봅니다.

경험에는 우연이 개방되어 있기에 가장 핵심적인 위험은 바로 아무것도 경험하지 못할 수도 있다는 겁니다. 경험은 체험이 아니기 때문입니다. 오히려 경험의 반대가 체험입니다. 동물원 가고, 에버랜드 가고, 해병대 캠프 가는 것을 우리는 경험이라고 하지 않고 체험이라 부릅니다. 체험은 통제가 됩니다. 어떤 프로그램이 있고 뭘 보게 될지 어떻게 되는지 이미 다 알고 있습니다. 체험은 새로운 걸 알게 되는 과정이 아니라 확인하는 작업일 뿐입니다.

경험은 죽음과 닮아 있다

엄기호 『유럽 100배 즐기기』 들고 가서 사진 찍고 돌아오는 여행. 이것도 경험이 아니라 체험입니다. 경험이 가진 가장 큰 위험은 경험하기 위해서 갔는데 아무것도 경험하지 못하고 오는 황당한 일이 벌어질 수 있다는 사실입니다. 파리에 가이드북 없이 용감하게 다녀온 친구가 가이드북 가지고 다녀온 친구랑 저녁때 만나 얘기를 나눠요. 가이드북 들고 다녀온 친구가 여기저기 갔다고 얘기하면, 가이드북 없이 갔던 친구는 "파리에 피카소 박물관이 있었어? 나 피카소 얼마나 좋아하는데. 파리에 이것도 있어? 저것도 있어?" 이러는 겁니다. 아무것도 못 보고 온 거죠. 그럼 뭐 했냐고 물어보면 지도가 없어 하루 종일 파리 시내만 헤매다가 되돌아왔다는 겁니다.

하지만 재미있는 사실이 있어요. 우리의 경험이 우연에 열려 있을 때 우린 극단적으로 경험이 없는 걸 경험합니다. 재밌는 사실은 그걸 통해서 우리가 경험하게 되는 건 '경험' 그 자체입니다. 아무것도 못 했다는 것에서 경험이라는 게 무엇인가를 경험할 수 있는 겁니다. 이건 사실 두려운 일입니다. 내가 돈을 250만 원이나 들여 파리를 가서 본 거라고는 저 멀리 보이는 에펠탑 하나, 저 멀리 보이는 노트르담 사원밖에 없다면 무섭지 않으세요?

우리는 왜 경험이 죽어 버린 시대에서 살까요? 바로 두렵기 때문입니다. 두렵기 때문에 경험이 죽어 버린 시대를 살 수밖에 없습니다. 다른 말로는 이런 표현도 있어요. '경험의 가장 큰 특징은 죽음과 닮아 있다.' 내가 정말 좋아하는 경험을 했을 때는 추상화가 될 수 없습니다. 지나가 버리는 것에 격렬히 저항하게 됩니다. 하지만 아무리 격렬히 저항해도 그 순간은 지나가 버립니다. 그때 우리가 보게 되는 게 바로 죽음입니다. 결국 불멸하는 건 없다는 사실을 경험하게 됩니다.

학생들한테 경험다운 경험에 대해서 얘기해 보라고 하면 상당히 많은 친구가 자기 삶을 변화시킨 경험다운 경험으로 주변 사람의 죽음을 떠올립니다. 할머니의 죽음에서 사람을 사랑한다는 게 무엇인지 깨달았다든지, 친구의 갑작스러운 죽음, 아니면 자기가 죽을 뻔한 경험. 이런 게 우리 삶을 변화시킵니다. 이런 경험을 통해 우리는 산다는 게 무엇인지, 내가 왜 사는지, 어떻게 살아야 하는지에 대해 고민하게 됩니다. 이런 경험이 없다면 우리는 자신의 삶에 대해 생각할 일이 없습니다.

경험의 고유한 역할, 경험만이 만들어 줄 수 있는 게 있습니다. 그런데 우리는 그게 너무 두렵습니다. 경험이 죽음과 닮아 있기 때문에 어지간하면 경험은 하지 않고 경험을 체험으로 바꿔서 때우려고 합니다. 주변을 돌아보세요. 우리는 너무 많은 걸 체험하느라 정신이 없습니다. '스물에 꼭 해야 되는 것들'이나 '서른 살이 되기 전에 꼭 해야 되는 것들' 이런 종류의 책들 많잖아요? 제가 읽어 봤더니 밥 먹을 시간도 없겠구나 싶고, 이거 다 하고 살다가는 진짜 가랑이 찢어지게 이것만 하고 살아야 될 것 같았습니다. 이런 건 경험이 아니라 체험을 얘기할 뿐입니다.

관세음보살상의 가슴을 눌러 보고 싶은 순간, 카이로스의 시간

엄기호 카이로스의 시간과 크로노스의 시간이라는 개념이 있습니다. 크로노스의 시간은 의미 없이 흘러가는 시간, 스케줄에 따르는 시간을 의미하고, 카이로스의 시간은 의미로 충만한 시간을 의미합니다. 제가 석굴암에 갔을 때 카이로스의 시간을 경험했어요. 석굴암 본존 불상 뒤에 열두 명의 관세음보살상이 있습니다. 평소에는 유리로 덮여 있는데 1월 1일에 정말 우연히 어머니 따라 석굴암에 갔는데 그날 문을 열더라고요. 평소에 사진으로 관세음보살상을 봤을 때 '참 좋다'라는 생각을 많이 해서 상 앞에 가서 섰는데 넋이 나가는 줄 알았습니다. 이게 돌인데 손가락으로 꾹 누르면 가슴이 쑥 들어갈 것처럼 보여요. 그냥 잘 만들었다, 정교하다는 느낌 정도가 아닙니다. '어 이건 뭐지?' 하면서 맞아 죽을 각오를 하고 손가락으로 꾹 한번 눌러 보고 싶은 욕망이 들었습니다.

그 순간이 바로 카이로스의 시간입니다. 그 앞에서 절대 떠나고 싶지 않아요. 시간의 정지를 경험한 겁니다. 그냥 시간이 찢겨져 버리는 거죠. 우리는 시계처럼 항상 시간이 한 방향으로 흘러간다고 생각합니다. 하지만 삶에서 어떤 순간 시간이 정지해 버린 느낌, 내가 시간으로부터 탈출해 버린 느낌이 드는 순간이 있습니다. 시간이 찢어져 버린 느낌. 그 시간이 굉장히 충만해져 있을 때, 자기 완결적일 때 우리는 카이로스의 시간을 경험합니다. 예를 들면 제 친구한테 그런 순간이 언제냐고 물었더니 자기는 첫사랑이랑 키스했을 때라고 하더군요. 첫사랑이랑 키스를 딱 하는 순간 머리에서 전구가 퍽 깨지면서 세상이 까마득해지더래요. 까마득해지면서 1초도 안 되는 순간이 백만 년의 시간처럼 느껴지더래요. 눈을 떴는데, 저 멀리서 빛이 나오면서 깨어나는데 이런 생각을 했다는군요. '아, 난 이제 죽어도 좋다.' 이게 바로 카이로스의 시간입니다.

성경을 보면 신이 세상을 창조하면서 7일 동안 하루에 하나씩 만들고는 '보기에 참 좋았다'라고 얘기합니다. 그 순간은 흠결이 하나도 없는 시간입니다. 그 하루는 우리가 생각하는 24시간의 하루가 아닙니다. 그 하루는 24시간의 의미가 아니라 자기 완결적인 시간의 하루를 의미합니다. 1초일 수도 있고, 0.1초일 수도 있고, 우리가 따지는 시간으로 수백만 년일 수도 있습니다. 자기 완결성을 가진 시간이 바로 카이로스의 시간입니다.

🕯 다람쥐 쳇바퀴 돌듯 한 방향으로 흘러가는 일상, 크로노스의 시간

엄기호 반대 의미로 크로노스의 시간은 그저 쭉 흘러가는 시간입니다. 한 방향으로 흘러가는 시간을 크로노스의 시간이라고 합니다. 그런데 우리는 항상 이 크로노스의 시간을 살아가는 게 좋다고 생각합니다. 왜냐하면 한 방향으로 흘러가면서 성장한다고, 진보한다고 생각합니다. 하지만 가만히 따져 보면 여기에 엄청난 속임수가 숨어 있어요. 무슨 속임수일까요?

한 시간, 한 시간 단위를 따로따로 떼어 놓고 보면 이 시간은 앞으로 진보하고 성장하는 시간이 아니라 진자운동을 하는 시간이라는 겁니다. 여러분 일상을 한번 생각해 보세요. 삶 전체를 놓고 보면 성장하는 것 같잖아요? 그런데 생애라고 하는 걸 일상이라는 단위로 쪼개 보면 다람쥐 쳇바퀴 돌듯 똑딱똑딱 하면서 만날 반복됩니다.

일상이라고 하는 건 똑딱똑딱 하는 진자운동인데 그걸 모아 놓으면 엄청난 착각을 일으킵니다. 성장하고 있는 것 같고, 진보하고 있는 것 같지만 착각입니다. 이런 착각 때문에 시간을 카이로스하게 보내는 건 굉장히 위험천만하다고 생각합니다. 카이로스의 시간이 되는 순간 망가진다고 생각하는 거죠. 예를 들면 대학 다닐 때 이런 경험 있으실 겁니다. 내일 시험이 있는데 오늘 술자리가 있어서 마지못해 따라가잖아요? 그렇게 술 먹다가 기분이 팍 좋아지면 "에라, 내일 시험이고 뭐고 간에 오늘 먹고 죽자!" 이런 경험들 있으시잖아요? 아, 저만 그랬나요? 사실 시험 하나 망치고 나면 '뭐 시험 하나 망친 거 가지고 내 인생 달라지나.' 이런 식으로 생각을 하게 됩니다. 이게 우리에게 무엇을 가져다줄까요? 바로 용기를 가져다줍니다. 정해진 스케줄로부터 뛰쳐나가 의미를 창출할 수 있는 용기입니다. 카이로스의 시간을 만들 수 있는 용기. 물론 이게 너무 반복되면 알코올 중독이 될 가능성도 있습니다.

실제로 지금 제 수업 듣는 학생 가운데 한 친구가 이런 말을 했습니다. 운동권에 있는 친구인데, 한 번씩 운동권들이 모여서 "오늘 다 때려치우고 나가서 술 먹자." 이러고는 나가서 술 먹으면 자기는 그 시간이 그렇게 좋을 수가 없대요. 그 시간에는 정말 시간이 찢어지는 느낌이 든다는 겁니다.

산들바람의 소리를 들을 수 있을 정도로 깨어 있는 태도

엄기호 자, 이런 게 바로 용기입니다. 제가 강의할 때 용기라는 단어를 굉장히 많이 써요. 아렌트도 용기라는 말을 많이 썼습니다. 정해진 스케줄로부터 뛰쳐나가는 카오스적인 경험. 우리 삶 속에서 굉장히 희박할 수밖에 없습니다. 그리고 우리는 이 희박함이 열리기를 고대하면서 살아갑니다.

그럼 우리한테 필요한 태도는 뭘까요? 여러분이 공부를 열심히 해서 '아, 우리는 이런 존재구나'라는 걸 깨우친다고 해서 세상이 바뀌는 게 앞당겨질까요? 아닙니다. 그날은 당겨지지 않아요. 많은 경우 인간이 노력하고 살아야 되는 이유를 그날을 앞당기기 위해서라고 생각합니다.

예를 들면 혁명이, 민주주의가, 정의가 있습니다. 이번에 아랍에서 민주주의 혁명이 많이 일어났죠. 이것에 대해서 트위터나 인터넷에 올라온 글을 보면 "우리가 해 봤는데, 하고 난 다음에 실망하지 마세요, 여러분." 이런 글들이 정말 많이 올라옵니다. 해 보면 별거 아니란 얘기죠. 민주주의 혁명을 하면 대명천지가 열리고, 대동세상이 열리고, 천국이, 개벽세상이 열릴 줄 알았더니 아니라는 겁니다. 누가 이런 표현도 했어요. "해 봤더니, 결국 우리는 이명박이 대통령이 됐어요. 그 민주주의로 우리는 이명박을 대통령으로 만들었어요. 그런 우는 범하지 말아주세요, 아랍 여러분." 이런 글이 올라옵니다. 어떻게 보면 우리가 더 절망스러운 상황입니다.

그렇다면 이런 상황에서 우리는 왜 열심히 살아야 될까요? 우리는 왜 공부를 할까요? 이런다고 해서 세상이 바뀌지도 않는데, 왜 '열공'을 해야 될까요? 저는 이렇게 생각합니다. 우리가 공부를 하고, 경험을 하고, 사유를 하는 이유는 그날이 왔을 때 깨어 있기 위해서입니다. 그날을 앞당기기 위해서 하는 게 아닙니다. 조금 전 우연의 순간이, 경험의 때가, 카이로스의 시간이 희박하다고 말씀드렸잖아요. 그런데 이런 순간이 내 삶에 왔을 때, 내가 허투루 보내는 게 아니라 그걸 경험으로 받아들일 수 있기 위해서는 끊임없이 나 자신을 갈고 다듬을 수밖에 없습니다. 갈고 다듬었을 때에만 비로소 그 사건을 사건으로 받아들일 수 있습니다.

저는 이런 생각이 전혀 수동적이라고 생각하지 않습니다. 오히려 훨씬 더 적극적인 태도입니다. 불경이나 성경에 '깨어 있으라'는 이야기가 나옵니다. 이런 깨어 있는 태도를 저는 영성적 태도라고 표현하는데, 이런 태도가 필요한 이유는 그 순간을 느끼기 위해서입니다. 영성이라고 하는 건 보는 게 아니라 듣는 것입니다. 가장 낮은 소리를 들을 수 있는 태도, 가장 민감해질 수 있는 상태. 어떤 말씀인지 아시겠죠? 만날 에어컨 바람 밑에 있던 사람은 산들바람을 느낄 수 없습니다. 산들바람을 느낄 수 있을 정도로, 그 바람의 소리를 들을 수 있을 정도의 깨어 있음. 이걸 가지기 위해 우리는 공부하는 것입니다.

공부 잘해서 좋은 대학 가서 공학 같은 거 배워서 4대강 만들고, 이런 게 아닙니다. '왜 공부하는가? 그럼 어떻게 공부해야 되는가?'를 알기 위해서는 공부 자체를 경험하세요. 그리고 '내가 깨어 있는가? 내가 제대로 배웠는가?'를 고민하고 느끼세요.

시험은 쭉정이를 키로 까부르는 시간

엄기호 이제 이야기를 바꿔 보겠습니다. 제가 처음에 학생들에게 낸 시험문제 이야기를 했습니다. 그럼 제가 왜 그런 시험을 냈을까요? 학생들이 두 시간, 세 시간 동안 시험 보면서 자기 노트 뒤지고, 다른 사람한테 전화하고, 토론도 하고, 저한테 계속 되묻기도 했습니다. 보통 시험장은 조용한데 제가 본 시험장은 정말 시끄러워요. 제가 애들한테 먼저 말을 걸기도 합니다. 학생들이 시험 끝나면 "허, 벌써 두 시간이나 지나갔어." 이럽니다.

그 시간은 보통의 시험 시간하고는 완전히 다릅니다. 내가 점수를 잘 받기 위해서 하는 것이 아니라, 한 학기 동안 자기가 공부한 노트를 계속 뒤져 가면서 내가 어떤 개념을 배웠는가를 다시 한번 살펴보고, 그 개념들로 나는 이 사례를 어떻게 설명할 수 있을 것인가를 고민하고, 그 과정 속에서 내가 정말 이 사례를 살아 있는 언어로 배운 것인가를 정말로 점검하면서 쭉정이를 키로 까부르는 시간을 만들어 주고 싶은 게 제 시험 시간이었습니다. 쭉정이를 키로 까부르는 시간을 가짐으로써 버릴 언어와 남길 언어를 찾는 게 아니라 내가 얼마만큼 추수했는가를 고민하고, 그동안 공부한 걸 다시 한번 점검하면서 죽었던 언어를 살릴 수도 있습니다.

저는 이것이 바로 공부를 공부로 경험하는 것이라고 생각합니다. 인문학은 결국 언어를 다루는 것인데, 언어의 힘, 내가 정말 그 언어의 힘을 활용할 수 있는지 또는 내 언어는 그만한 힘이 있는지 찾아보는 겁니다. 그걸 시험 보는 두 시간, 세 시간, 네 시간 동안 정말 진지하게 한번 돌아보게 해 주고 싶었기에 그런 문제를 낸 겁니다.

이 문제에 대한 저의 이런 태도를 나중에 설명해 줬더니 학생들이 수긍하고 고마워해요. 그러고는 다음 학기부터는 시험문제가 너무 무서워서 절대 수강은 안 하고 청강만 하겠대요.

◗ 유령의 사회, 경험은 공부와 어떻게 연결되는가?

엄기호 다음 학기 때 제가 1학년 과목을 가르치는데 3, 4학년들이 듣고 싶어 합니다. 학생들이 "선생님, 저희는 유령처럼 뒤에만 앉아 있겠습니다." 이래요. 사실 제가 수업할 때 유령이라는 말을 많이 씁니다.

유령은 존재하지만 존재하지 않는 사람입니다. 왜 유령이냐면 두 가지를 박탈당했기 때문입니다. 하나는 말할 권리입니다. 말할 권리라는 건 떠들 수 있는 권리, 영어로 한다면 'right to speak'인 거죠. 또 하나는 들릴 권리입니다. 영어로는 'right to be heard'라고 합니다. 이게 무슨 말이냐면 타자가 있을 때만 즉 내 말을 듣는 사람이 있을 때만 들릴 권리가 생기는 겁니다. 산에 올라가서 "임금님 귀는 당나귀 귀다"라고 외치는 건 들릴 권리의 행사가 아닙니다. 그냥 나 혼자 하는 것이기 때문입니다.

명백하게 상대방이 있을 때만, 타자가 있을 때만 즉 세계에서 발생할 때만 권리라는 개념을 쓸 수 있습니다. 권리는 관계의 방식이지 나 혼자 행사하는 것이 아닙니다. 자기 방에서 혼자 벌거벗고 춤추는 걸 권리의 행사라고 얘기하지 않습니다. 권리는 세계가 있을 때만 존재합니다.

유령은 권리를 박탈당한 존재입니다. 말할 수 없고, 자기의 고통을 드러낼 수 없는 존재, 자기의 고통을 얘기했을 때 아무도 안

들어 주는 존재. 이게 바로 유령입니다. 우리 사회에 얼마나 많은 유령이 있나요? 얼마 전 카이스트에서 죽은 아이들, 유령입니다. 그 아이들은 자기의 고통을 얘기할 수 없었어요. 자기의 고통을 카이스트에서 얘기했을 때 아무도 들어주는 사람이 없었습니다. 자신의 고통을 사회에 내비칠 수 없는 존재들. 이런 존재를 우리는 유령이라고 합니다.

다른 예로는 에이즈 환자들이 있습니다. 동네에서 얼굴을 드러낼 수 있나요? 우리 사회는 장애인 시설만 들어와도 집값 떨어진다고 쫓아내기 바쁜 사회입니다. 인권이라고 하는 것은 모든 사람이 인간답게 대접을 받으면서 잘 사는 사회가 아닙니다. 제가 정의하는 인권은 나의 고통을 사회적으로 드러낼 수 있는 사회를 말합니다. 내가 지금 고통받고, 상처받은 걸 사회적으로 드러낼 수 있는 사회, 내 고통을 드러냈을 때 내가 모욕받지 않을 수 있는 사회, 모욕받는 것이 아니라 배려받을 수 있는 사회가 바로 인권이 존중되는 사회입니다. 인간에게서 상처와 고통과 위기와 위험은 결코 완전히 제거할 수 없습니다. 문제는 그것을 드러냈을 때 어떻게 대접받는지의 여부입니다. 드러낼 때 배려를 받을 수 있으면 인간의 사회이고, 그러지 못하면 그곳은 유령의 집, 유령의 사회입니다. 그런데 지금 우리 사회는 사실 유령의 사회나 마찬가지입니다.

제가 처음 시험문제로 이야기한 그 신부님한테 해 줬던 조언은 이것입니다. 그 학생한테 연락을 해서 "내가 너에게 돈을 줄 수가 없다. 하지만 배가 고프면 언제든 성당으로 찾아와라. 네가 성당으로 찾아올 때마다 내가 언제든 밥은 주겠다." 그러면서 밥 한 끼라도 얻어먹으려면 사람을 만나야 된다는 것 그리고 사람을 만나서 배려의 말, 아니 잔소리라도 들어야 된다는 것 그리고 그 과정 속에서 너의 고통을 이야기할 수 있고 그걸 들어주는 사람이 있다는 것을 보여 주라고 했습니다. 그 친구는 현재 유령 상태에 있고, 그 상태를 벗어나야 합니다. 숫자로 환원된 세계에서 끄집어내야 합니다. 이 신부님은 "돈은 못 주지만 밥 먹으려면 언제든 찾아와라. 정 힘들면 그렇게 지내도 된다. 나중에 네가 정 못 빠져나오면 내가 은퇴하고 난 다음에 시골에 내려가서 농사짓고 살 건데 나랑 같이 내려가자." 이렇게 얘기했습니다.

신부님의 대답 속에 오늘 우리가 공부한 내용이 녹아 있습니다. 지금까지 '인문학, 길 잃은 세상에서 길 찾기'라는 주제로 공부는 왜 하는지 그리고 경험이 공부와 어떻게 연결되는지 말씀드렸습니다. 긴 시간 들어주셔서 감사합니다.

ⓒ 『@좌절+열공』, 엄기호 외 지음, 서해문집, 2011

작가 소개

엄기호

사회학자, 인권연구소 창의 활동가. 국제연대운동을 통해 고통의 현장에서 말하지 못하는 이들의 곁에 서서 그들의 말을 듣는 경험을 했다. 공부는 말하지 못하는 이들의 말을 듣는 연습이자 그들을 말의 세계로 초대하는 이중의 일이라고 믿고 있다. 지은 책으로 『이것은 왜 청춘이 아니란 말인가』, 『단속 사회』, 『교사도 학교가 두렵다』 등이 있다.

느낌들

엄기호의 이야기에 귀를 기울여보면, 학교를 다니는 학생들만 '공부'한다는 생각을 버리게 된다. 인간과 세상에 대한 관심과 애정이 인문학이다. 그것은 우리 삶에서 부딪치는 수많은 문제에 대한 근본적인 질문과 대답이다. 매일 반복되는 크로노스의 시간에 이끌려 살지 말고, 첫 키스의 아득한 시간처럼 순간을 영원으로 붙잡을 수 있는 카이로스의 시간이 그립다. 언제 어디서 어떤 삶을 살아가든 자기 삶의 주인이 되는 주체적인 사람이 행복하다. 행복한 삶을 위한 인문학, 즐거운 일상을 위한 배움은 한 순간도 멈출 수 없다.

2부
미래에 대하여

푸시드 풀은 왜 공학자 대신 음악가를 선택했을까?

임승수

그대 떠난 그날 오후 그대 모습

잊을 수가 없네

밀려들던 사람들의 함성 소리

얼어붙은 거리

문밖을 나가 그대를 찾아

아무리 크게 울어봐도 소용없었네

서서히 밀려오던 군화 소리

대검의 빛 멀어지는 사람

죽어가던 사람들 싸늘하게 쓰러져

빛을 잃은 빛나던 도시

믿을 수 없던 비명 소리

시간이 흘러도

기억 속의 그대 얼굴

지워지지 않아

……

아직 날 울리는 사람

_루시드 폴의 「레 미제라블」 중에서

서울대학교 화학공학과 졸업, 스웨덴 왕립공과대학KTH 대학원 석사, 스위스 로잔 연방공과대학교EPFL에서 생명공학 박사 학위 취득, 게다가 2007년에는 스위스 화학회 '폴리머 사이언스 부문' 최우수 논문 발표상 수상…. 언론을 통해 잘 알려진 루시드 폴의 이력입니다.

그가 논문을 통해 발표한 '일산화질소 전달체용 미셀Micelles for Delivery of Nitric Oxide'이라는 의료용 물질은 미국 약품 특허를 취득했다고 합니다. 솔직히 일산화질소 전달체용 미셀이라는 것이 무엇에 쓰는 물건인지는 잘 모르겠지만 최우수 논문 발표상을 수상하고 논문 결과가 특허로도 인정될 정도니 그쪽 방면으로 잘나가고 있다는 사실은 쉽게 알 수 있습니다.

이렇게 공학자로서 탄탄하게 입지를 굳히고 있던 루시드 폴, 그는 돌연 귀국해서 전공과는 완전 무관한 음악 활동에 전념합니다. 1993년에 서울대학교를 입학해서 2008년 스위스 로잔 연방공과대학교에서 박사 학위를 받기까지 15년에 걸쳐 공학도로서 쌓아올린 모든 것을 한꺼번에 포기한 것이죠.

이유를 알고 싶었습니다. 안정된 수입이 보장된 공학자의 미래를 걷어차고 불확실한 음악인의 미래를 선택한 이유 말이죠. 마침 루시드 폴의 매니저와 연락이 닿아 인터뷰 승낙을 받고 삼청동의 한 카페에서 루시드 폴을 만나 자초지종을 들었습니다.

♦ 워커홀릭 생활 청산, 선물 같은 하루하루를 얻다

"스위스에서 박사 논문이 통과되고 일주일 동안 휴가를 냈습니다. 그리고 친구 집에서 쉬었는데요. 그때 제가 그 친구에게 이렇게 얘기했습니다. '나는 이제까지 살면서 놀아 본 적이 없는 것 같아. 즐겨 본 적이 없는 것 같아' 그래서 왜 그럴까를 생각해 보았는데요. 열심히 해야 된다, 바쁘게 살아야 된다는 교육은 많이 받았는데 어떻게 잘 놀아야 하는지를 아무도 얘기해준 적이 없더군요.

노는 방법도 모르겠고, 논다는 것이 뭔지도 모르겠더라고요. 술 마시고 그냥 퍼져 있는 것이 노는 건가? 여행을 가는 것이 노는 건가? 뭔지 모르겠더군요. 혼란스러웠습니다. 그동안 시간을 다 잃어버린 것 같았습니다."

루시드 폴은 스위스에서 '워커홀릭workaholic'으로 불렸다고 합니다. 주말이나 공휴일에도 거의 빠짐없이 실험실에 나와서 일을 할 정도였답니다. 스위스에서 지낼 적에 이란에서 온 친한 친구가 있었다는데요, 그 친구가 주말마다 루시드 폴을 불러내서 함께 놀려고 애를 썼는데 나중에 알고 보니 혹시나 그러다가 루시드 폴이 미칠까 봐 걱정해서 그랬답니다. 도대체 얼마나 열심히 했을지 상상이 갑니다.

"당시에는 정말 즐겁게 공부하고 있다고 생각했어요. 그런데 2년 정도 그렇게 사니까 몸에 이상이 오더라고요. 어깨가 너무 무겁고 결리더군요. 몸이 안 좋아지더라고요. 그게 결국은 긴장, 스트레스에서 오는 것이었습니다. 더 좋은 저널에 논문을 내야지, 빨리 졸업을 해야지, 어려운 프로젝트를 보란 듯이 성공시켜야지, 이런 것들이 겹쳐서 그랬던 것 같습니다."

이제 더 이상은 그렇게 살고 싶지 않았답니다. 이어서 그는 한국으로 돌아온 이후 통장 잔고는 줄어가지만, 정말로 선물 같은 하루하루를 보냈다고 말했습니다.

"아침에 좀 늦게 일어나면 어떻습니까. 내가 하고 싶은 일을 하겠다는 거예요. 거창한 것이 아니라, 이를테면 3일 동안은 집에서 라면만 끓여 먹으면서 만화책을 볼 수도 있는 것이고요. 우리는 쉬는 것에도 엄숙주의가 있는 것 같습니다. 멋있게 쉬어야 하고, 쉬면서도 교양서적을 봐야 하고, 그런 것들 말이죠. 저는 막 놀았어요. 못 만났던 친구 만나 술 마시고, 강아지 키우고, 산책도 다니고요. 그냥 그러고 싶었습니다. 물론 음반 낼 때가 되면 열심히 일을 했죠. 내가 원하던 일이고 가야 하는 길이니까요. 즐겁게 했습니다."

제 마음속에는 점점 확신이 들기 시작했습니다. '루시드 폴은 절대로 다시 공학자의 길로 돌아가지 않겠구나.'

"음악을 하겠다는 결정은 쉽게 했습니다. 문제 자체가 가벼워서 쉬웠다는 것은 아니고 답이 확실했기 때문입니다. 하지만 고민은 많이 했어요. 고민의 가장 큰 부분은 두려움이었는데요. 제 경우 병역특례로 1999년부터 3년 반을 안성의 공장에서 산업기능요원으로 일했습니다. 그리고 유럽에서 공부할 때도 계속 월급을 받았어요. 유럽에서는 대학원 학생이 고용된 연구원 성격이 강하거든요. 그렇게 매달 월급 받으면서 10년을 지냈는데, 이제는 통장에 매달 들어오는 돈 없이 살아야 하는 것이죠. 프리랜서와 백수는 종이 한 장 차이잖아요. 일거리가 없으면 백수인 거죠."

사실 하늘이 알고 땅이 알고 있지 않습니까. 음반 시장의 열악한 상황 말입니다. 더 이상 나빠질 수 없다는 상황을 항상 경신하고 있죠. 음악에 전념하기로 결정한 루시드 폴에게는 이것이 자신이 맞서야 할 현실인 것입니다. 나름 대비책이 있나 싶어서 물어봤는데 생각지도 못한 대답이 돌아왔습니다.

"대부분의 사람들이 먹고사는 문제에 대해 고민을 많이 하면서 삽니다. 기본적으로 사는 것이 힘들잖아요. 그런 문제가 해결되지 않는 한 음반시장 상황이 나아지기는 어렵다고 봅니다. 애를 낳아서 교육시키기 힘들고, 집 한 채 장만하기도 힘들고, 회사에서 언제 어떻게 될지도 모르고, 이런 상황에서 여유 있게 차 한 잔 마시면서 음악을 듣고 공연을 보러 갈 정신적 여유는 없죠. 단순히 돈 1, 2만 원의 문제가 아닙니다. 친구랑 술 한잔하면서 몇만 원 쓸 수 있지만 음악 CD를 살 여유는 없는 거죠. 정신적인 여유가 없는 거예요. 지금 음악을 많이 듣는 10대라도 나중에 30대, 40대, 50대가 되면 음악을 안 들을 겁니다."

하고 싶은 말이 많았던지 루시드 폴은 말을 계속 이어갔습니다.

"야근이 당연한 것이고, 일에 대한 정당한 대가도 제대로 받지 못하고, 그런 상황에서 CD를 사라고 아무리 외쳐본들 무슨 소용이 있겠어요. 옛날에 음악을 너무너무 좋아하고, 저보다 음악도 더 많이 듣고, 음악 하겠다고 얘기하던, 그런 친구랑 어제 술을 먹었는데요. 그 친구가 '음반시장은 앞으로 3, 40대 연령대에서 팽

창할 거다'라고 하는 거예요. 그렇게 말하기에 제가 얘기했어요. 너 지금 음악 안 듣지 않느냐고, 너 최근 2년 안에 CD 산 거 있냐고, 멜론이나 싸이월드에서 MP3 산 적 있냐고 말이죠. 그 친구도 남 보기에는 근사한 직장을 다니지만, 하루에 4~5시간밖에 못 자고 밤 12시, 1시까지 일하는 것이 예사예요."

"나는 음악으로, 하고 싶은 얘기를 합니다"

그의 4집 앨범 '레 미제라블'에 수록된 「평범한 사람」이라는 곡이 무리한 공권력 투입에 의해 안타깝게 희생된 용산 철거민 문제를 다뤘다는 것은 잘 알려져 있습니다. 그런 음악만큼이나 음반 시장의 위기를 보는 그의 시선은 좀 더 근본적인 문제에 닿아 있었습니다.

"한 뮤지션이기 전에 한 개인으로서, 우리가 매일 연애만 하고 사는 것은 아니잖아요. 신문도 보고 뉴스도 보고, 사회적인 이슈나 정치적인 문제에서 자유로울 수 있는 사람이 누가 있을까요? 그중에서 내가 노래하고 싶고 만들고 싶은 것이 음악의 주제가 될 거예요. 우리 집 강아지 얘기일 수도 있고, 애인 얘기일 수도 있고, 사회문제일 수도 있고요. 그건 제 자유잖아요."

그가 간혹 사회적 이슈와 정치적인 문제를 음악에 담아내는 것이 그 어떤 '사명감' 때문이라고 생각했는데 그건 저의 오판이었습니다. 그는 단지 음악을 통해 자신이 하고 싶은 얘기를 스스로 만족할 만한 완성도로 만들어 내고 싶다고 말했습니다. 자신이 음악을 하는 이유는 그 무슨 메시지를 전달하려는 것이 아니고 단지 누가 들어주든 그렇지 않든 자신이 하고 싶은 얘기를 하는 것이라고 합니다. 루시드 폴의 음악에서 받은 느낌과 루시드 폴과의 대화에서 받은 느낌이 닮아 있는 이유를 이제야 알 것 같았습니다. 그의 음악은 멋을 내려는 것도 아니고, 음악을 돈벌이의 수단으로 삼으려는 것도 아니고, 그저 자신이 하고 싶은 얘기를 음악을 통해 공기의 진동 속에 담아서 주변으로 전하고 싶었던 겁니다. 그러니 그의 음악과 그의 모습이 닮아 있을 수밖에요.

공학자의 삶은 그에게 안정적인 삶과 꼬박꼬박 돈이 들어오는 통장을 보장할 수 있었을 겁니다. 하지만 공학을 통해서는 그 자신이 진정 하고 싶은 이야기를 하지는 못했습니다. 한편 음악가의 삶은 그에게 안정적인 삶과 꼬박꼬박 돈이 들어오는 통장을 보장할 수는 없겠지요. 하지만 그는 이제 음악을 통해서 그 자신이 전하고 싶은 이야기를 자유롭게 할 수 있습니다.

"음악을 하겠다는 결정은 쉽게 했습니다. 문제 자체가 가벼워서 쉬웠다는 것은 아니고 답이 확실했기 때문입니다."

ⓒ 「청춘에게 딴짓을 권한다」, 임승수 지음, 위즈덤하우스, 2011

작가 소개

임승수

사회과학 분야 작가. 공학 전공으로 석사학위까지 받았으나 세상이 올바르게 바뀌지 않으면 공학도로서도 행복할 수 없다는 신념에 따라 사회학으로 진로를 바꿨다. 저서로는 『차베스, 미국과 맞짱뜨다』, 『원숭이도 이해하는 자본론』, 『독학자의 서재』 등이 있다.

느낌들

글의 제목이 던지는 질문에 대한 대답을 본문 속에서 찾아본다. 루시드 폴은 왜 공학자의 길을 포기한 걸까? 공학자로서 살아가는 일이 더 이상 그에게 즐거움을 주지 못하고, 워커홀릭으로서 매달렸던 삶이 가져온 긴장과 스트레스가 그의 건강과 삶을 파괴했기 때문이다. 지금까지 누려왔던 안정적인 삶을 버리고 전망 어두운 음악가로서의 삶을 고민할 때 그도 두려움을 느꼈다. 음악을 통해 이야기하고 싶은 것을 전할 수 있는 음악가가 되기 위해서 그는 현실적 어려움을 결과가 아닌 과정으로 받아들인다. 먹고살기 위해서가 아니라 보다 즐겁고 자유로워지기 위해서 그는 선택했다.

내게 노동은 노래였다

하종강

대부분의 선진국에는 경찰노조, 소방관노조도 있습니다. 프랑스에는 판사노조, 변호사노조도 있습니다. 판사나 변호사들도 노동자로 생각한다는 거죠. 한국 노동자들이 프랑스까지 가서 활동할 때가 있는데 그때 찾아와서 법률 자문을 해주던 노동자들이 판사노조와 변호사노조의 조합원들이었답니다. 직책이 높거나 공부를 많이 했다고 해서 노동자가 아니라고 생각하는 것은 한국 사회에서만 볼 수 있는 매우 특이한 현상입니다. 환경, 생태, 인권 문제 등에 관심을 갖는 한국의 대학생, 지식인들이나 '깨어 있는 시민' 가운데도 노동운동만은 부정적으로 보는 분들이 많습니다.

그래도 노동이 희망인 이유

지금까지는 한국 사회 현실에 대한 부정적인 얘기들이 많았잖아요. 여기서 강의를 끝낼 수는 없죠. 제가 쓴 책들 중에 『그래도 희망은 노동운동』과 『아직 희망을 버릴 때가 아니다』라는 제목의 책들이 있는데, 이 제목들이 제가 오늘 할 이야기의 결론입니다. 왜 그럴까요? 새로운 직장인들이 자기가 노동자라는 것을 깨닫고 새롭게 노동운동에 참여하는 현상이 자본주의 300년 세월 동안 이어졌고, 앞으로도 계속될 것이기 때문입니다.

다른 나라들에서는 부대사, 장관이나 차관, 교장, 경찰, 소방관, 판사, 변호사들도 노조에 가입한다고 했습니다. 한국 사회도 결국 같은 방향으로 변화하고 있는 겁니다. 다만 산업사회로 진입한 근현대 역사발전 과정이 식민지-분단-군사독재 등으로 왜곡되는 바람에 그러한 현상이 다른 나라들보다 수십 년 늦었을 뿐입니다.

지금 한국의 노동조합들도 굉장히 다양해지고 있어요. 탤런트 노동조합과 예술가 노동조합도 생겼습니다. 세계적으로 유명한 교향악단에 보면 백발이 성성한 예술가들이 있잖아요. 그 사람들도 대부분 노동조합원입니다. 우리나라 영화인들도 노동조합을 설립하고 단체협약을 체결했습니다. 영화를 만드는 스태프들은 1.4.8 숫자 세 개를 옷에 써 붙이고 싸웠는데요, 무슨 뜻인가 하면 '1주일에 하루는 쉬게 해달라', '4대보험에 가입해달라', '8시간을 초과하면 연장근로로 인정하라'는 요구사항들이었습니다. 몇 개월 교섭 끝에 타결됐습니다. 그래서 요즘은 이 협약을 지키면서 영화를 제작합니다. 제작비용은 늘겠지만 그래야 사회가 발전하는 겁니다. 백화점에서 명품을 판매하는 노동자들도 노동조합 활동을 통해서 노동조건을 개선합니다.

석사, 박사가 설립한 노동조합도 많이 있습니다. 어떤 노동조합은 조합원 전원이 석·박사라서 노동조합 회의할 때 서로 '김 박사', '이 박사' 이렇게 부르면서 회의를 하기도 합니다. 그런 석·박사 노동조합이 한국에 벌써 수십 개나 있는데 우리나라 대학원에서 공부하는 학생들 중에서 '내가 박사 학위를 받고 연구소에 들어가면 노동조합이 날 기다리고 있을 거야, 내 연봉이나 연구 성과 평가방식이 모두 연구소와 노동조합의 논의에 따라 결정이 될 거야'라고 미리 짐작하는 학생들이 몇 명이나 있겠습니까? 다른 나라 학생들은 미리 알고 준비하는 걸 우리나라 학생들은 모르고 있는 거죠.

아나운서, 피디, 기자들도 모두 언론노조 조합원들입니다. MBC 노조 파업할 때 가서 보니까 아나운서들도 열심히 파업에 참여하고 있었습니다. 2, 3천 대 1의 경쟁을 뚫고 아나운서가 된 사람들이 왜 파업에 참여했겠습니까? 권력의 나팔수가 되기 싫어서입니다. 그 사람들이 그렇게 치열한 경쟁을 뚫고 언론인이 되면서 정부의 입맛에 맞는 방송을 하겠다는 생각을 갖지는 않을 테니까요. 권력의 나팔수가 되라고 계속 강요받으니까 노동조합을 중심으로 저항할 수밖에 없는 거죠. 아이들이 좋아하는 〈무한도전〉의 김태호 피디도 "가슴이 울어서 파업에 동참했다"라고 이유를 밝혔었죠.

KBS 노조도 파업한 적이 있습니다. 권력의 나팔수가 될 수 없다는 같은 이유에서였죠. KBS 정문으로 올라가는 계단에서 노조가 집회를 했는데 다음 날 회사에서 집회할 수 없도록 그 계단에 키가 큰 화분을 몇십 개나 쭉 세워뒀어요. 조합원들이 '이게 무슨 녹색성장 바리케이트냐 뭐냐' 그렇게 비웃었습니다. 다른 나라들에서는 이렇게 노동조합 활동을 방해하는 사람들이 굴욕감을 느낍니다. '먹고살려니까 회사의 지시를 받고 치사하게 노동조합 탄압하는 짓까지 해야 하는구나'라고 창피해하면서 그런 일을 합니다. 그런데 우리 사회에서는 노동조합을 탄압하는 사람들이 죄책감이나 부끄러움이 없습니다. 노동운동에 대해 제대로 배운 적이 없기 때문입니다. 오히려 불순세력과 맞선다는 정의감으로 충만한 경우도 있죠.

우리나라 조종사와 스튜어디스들도 노동운동을 합니다. 한국 최초로 조종사노조를 만들고 해고된 뒤 10년 넘게 복직 활동을 하는 조종사들도 있습니다. 그런 사람들이 없었다면 대한민국은 아직도 조종사노조가 없는 미개한 나라로 남았을 것입니다. 얼마 전, 한 항공사 스튜어디스들이 바지 유니폼도 입고 일할 수 있게 되었다는 뉴스가 나왔습니다. 그렇게 되기까지 스튜어디스 노조가 몇 년을 싸웠습니다.

청소년과 대학생들은 앞으로 선택하는 대부분의 직장에서 노동조합 또는 노동운동과 만나게 될 겁니다. 탤런트가 되어도, 예술가가 되어도, 서비스 노동자가 되어도, 석·박사가 되어도, 언론인이 되어도, 조종사나 승무원이 되어도, 공무원이나 교사가 되어도 노동운동과 만나게 될 겁니다. 그럼에도 그러한 것들에 대해서 전혀 가르치지 않는 학교교육은 올바른 교육이라고 할 수 없습니다. 그런데 중요한 사실이 뭐냐 하면, 학교에서 전혀 가르치지 않았는데 이미 이러한 노동운동들이 진행되고 있다는 겁니다. 우리에게는 그것이 중요합니다. 거창하게 말하면 그것이 바로 '역사의 순리'입니다.

'소년·소녀 가장 서울대 정시모집 합격' 이런 제목의 기사를 볼 때 우리는 어떤 생각이 듭니까? 부모가 해주는 따뜻한 밥 먹으면서도 가기 힘들다는 명문 대학에 소년·소녀 가장이 집안 살림까지 다 해가며 틈틈이 공부하면서 합격했으니 얼마나 대단한 아이들입니까? 대부분 그렇게 생각할 테죠. 하지만 여기 모이신 분들은 그 생각에서 한 걸음 더 나아가셔야 합니다. 사회문제를 개인의 문제로 볼 것이 아니라 항상 사회 전체의 구조 속에서 보자고 제가 앞에서 강조했죠?

이렇게 성공할 수 없는 소년·소녀 가장이 수만 명이나 있다는 것을 함께 생각해봐야 합니다. 그 아이들의 행복은 누가 책임져야 할까요? 그 아이들도 똑같이 중요합니다. 사실 교육의 측면에서는 이렇게 성공할 수 있는 비범한 청소년들보다 평범한 청소년들이 더욱 중요하다고 볼 수도 있습니다. 실제로 그렇게 교육하는 나라들이 있을까요? 있습니다. '공부 꼴찌를 키워주는 나라' 바로 네덜란드 이야기입니다. '학교에서 경쟁을 금지하는 국가' 이것은 핀란드 교육 얘기입니다. 성적표는 있지만 등수가 없습니다. 학교에 '1등'이란 개념이 없기는 미국도 마찬가지입니다.

시험 성적과 등수로 경쟁하지 않는데 학생들이 공부를 할까요? 공부를 즐겁게 할 수 있도록 가르치면 됩니다. 등수 개념이 없는데도 우리나라보다 학업성취도 평가가 높게 나오기도 합니다. 독일은 아예 학업성취도 평가를 중요하게 보지 않습니다. 한때 '세계 최고의 교육'이라는 말을 듣기도 했지만 그렇게 우수한 인재를 양성하는 교육이 결국 히틀러라는 괴물을 탄생시켰다는 반성으로부터 새로운 교육을 시작한 거죠.

유럽에는 대학까지 무상교육하는 나라들이 많습니다. 대학원생에게 등록금뿐만 아니라 용돈까지 지급합니다. 그러면 너도나도 대학에다 진학할 것 같죠. 그렇지 않습니다. 그런 나라들의 대학진학률이 우리나라 대학진학률의 절반 이하입니다. 우리나라에서는 특성화고, 예전 '실업계' 고등학교 졸업생들도 대부분 대학에 진학합니다. 2년제 대학의 공급처로 전락한 지 오래입니다. 대학 졸업장 없으면 무시당하고 불행해지는 사회라고 생각하니까요.

네덜란드에서는 한 초등학생이 벽돌공이 되는 것이 장래 희망이라고 하던데, 그 이유가 음악을 크게 들으며 일할 수 있기 때문이라고 합니다. 그 꿈이 충분히 실현 가능한 이유는 벽돌공의 임금이 대학교수와 비슷하기 때문입니다. 이렇게 노동자가 존중되는 사회에서는 우수한 인력이 노동자가 됩니다. 남들과의 경쟁에 뒤져서 마지못해 노동자가 되는 것이 아니라요.

스웨덴에서 2년 동안 공부하고 온 치과의사 친구가 "스웨덴에서는 경력이 10여 년쯤 된 노동자와 의사 월급이 비슷해"라고 말하더군요. 이웃에 배관공 노동자 남편과 대학교수 부인이 살았답니다. 그 배관공도 억지로 공부를 열심히 해서 대학교수를 할 수 있었을지도 모르죠. 그렇지만 배관 일이 재미있었고 배관공 노동자로서의 삶을 충분히 즐거워하며 살더랍니다. 역사와 사회에 대한 지식도 많고 독서량도 풍부하고 와인에 대해 해박한 지식도 갖고 있고… 대학교수 부인과 노동자 남편이 썩 보기 좋게 어울려 살더랍니다.

2012년 런던올림픽 때 느낀 점인데, 한국 선수들은 금메달을 따면 얼마나 기뻐합니까? 저렇게 좋아하다가 실신하지 않을까 걱정될 정도로 기뻐합니다. 그런데 유럽 선수들은 기뻐하기는 해도 그 정도 반응은 아니더라고요. 왜 그런 차이가 생겼을까요? 우리나라에서는 금메달리스트냐, 아니냐에 따라서 운동선수의 인생이 달라지지만 유럽은 그렇지 않기 때문입니다.

〈개그콘서트〉라는 프로그램에 '왕비호'라는 캐릭터가 있었어요. 주로 연예인들에게 무안 주는 말을 하는 캐릭터였는데 어느 날 아이돌 그룹이 나왔을 때, 아주 대놓고 물어보더군요. "너네들 인수분해는 할 줄 아냐? 학교는 다니냐?" 그거 할 줄 모르면 어떻습니까? 그래도 행복할 수 있잖아요. 그런데 한국 사회에서 인수분해 할 줄 모르면서도 불행해지지 않으려면 아이돌 가수나 박태환, 김연아 정도는 돼야 해요. 그렇지만 유럽에서는 그 분야에서 꼭 일인자가 되지 않아도 충분히 행복할 수 있습니다. 평생 동안 정부나 지방자치단체가 만든 수많은 체육 시설에서 자신이 좋아하는 체육을 가르치면서 사는데, 체육코치 월급이 대학교수와 큰 차이가 없습니다. 그러면 충분히 일등 하지 않고도 행복해질 수 있죠.

그러면 이런 나라에서는 학생들이 대학에 왜 진학할까요? 여러분들 중에 학창 시절에 '인수분해가 너무 사랑스럽더라, 방정식이 너무 아름답더라' 그렇게 생각하신 분들이 몇이나 될까요? 그런데 드물게 그런 아이들이 있어요. 수학 공식이 너무 아름다워서 집에 가서도 문제를 계속 풀고 싶어 하는 학생들이 있어요. 그런 아이들이 대학에 가는 거예요. 학문에 대한 열정으로, 배우고 익히는 기쁨이 그만큼 크니까 대학에 가는 거예요. 그렇게 돼야 합니다.

'사교육 걱정 없는 세상'은 노동자 권리가 제대로 보장되는 세상

독일에서 상사주재원으로 있던 한국 사람이 받은 아이들 취학통지서에는 이런 글귀가 있었답니다. '귀댁의 자녀가 취학 전에 글자를 깨우치면 교육과정에서 불이익을 받을 수 있습니다.' 사교육 전혀 없이 그대로 공교육에 보내라는 뜻이죠. 독일에는 사교육 기관이 아예 없습니다. 그래도 걱정이 돼서 그 아버지가 직접 독일어 알파벳과 덧셈 뺄셈만 가르쳐서 학교에 보냈답니다. 며칠 뒤, 담임교사가 전화하더니 왜 그렇게 부도덕한 일을 하셨느냐고, 당신 아이만 100미터 달리기를 50미터 앞에서 뛰게 하고 싶었냐고 엄청 화를 내더랍니다. 그 아이만 수업시간에 산만하고 건방져서 만일 인격 형성에 문제가 생기면 부모님께서 책임지실 거냐고 따지는데 아무 말도 못 하겠더랍니다. 영국에서도 '선행학습은 시험 부정행위보다 부도덕하다'라고 가르칩니다. 프랑스는 취학 전 아동에게 학원이나 유치원에서 글자를 가르치는 등 외우는 공부를 시키면 규제하고 처벌합니다. 유치원 과정 몇 년 동안 노래 부르고 그림 그리며 재밌게 놀기만 하는 것처럼 보인답니다. 그런다고 그 아이들의 창의력이 떨어질까요? 아니잖아요.

어떻게 벽돌공과 대학교수 임금이 같아졌을까요? 바로 노동운동의 영향입니다. 활발한 노동운동을 통해 저임금과 비정규직 차별을 해소했기 때문이죠. 일하는 사람들 곧 노동자의 권리가 제대로 보장돼야 교육문제도 해결됩니다. 그래서 '사교육 걱정 없는 세상'은 '노동자 권리가 제대로 보장되는 세상'과 무관하지 않습니다.

제가 고속도로에서 운전을 하다가 라디오를 들었는데, 고3 아들을 둔 주부가 보낸 사연을 소개하고 있었습니다. 아들이 고3이 되더니 동네 학원에라도 보내달라고 그렇게 떼를 쓰더랍니다. 아무리 생활비를 쪼개 봐도 학원비가 안 나오더래요. 그래서 결국 못 보냈답니다. 아들 녀석이 몇 달을 조르는 통에 3개월쯤 지났을 때 적금 하나를 깨고 동네 학원에 한 과목을 겨우 등록시켰대요. 아들이 학원 가는 첫날, 밥을 차려주고 밥 먹는 아들을 보면서 엄마가 쓴 글이었어요. 우리 아들은 스스로 공부하려고 노력하는 훌륭한 아들인데, 부모는 무능해서 동네 학원에도 못 보내주는구나, 그런 생각으로 우울해서 눈물이 나오더래요. 아들 녀석은 아무 소리 안 하고 밥만 먹더라는 거죠. 밥을 다 먹은 아들이 학원 간다며 나가다가 현관에서 돌아서더니 이렇게 말하더랍니다. "엄마, 내가 가서 그 돈보다 더 많이 배우고 올게." 그 아이도 엄마 마음을 다 느낀 거죠. 이게 우리가 아이들 키우는 모습이잖아요.

노동자의 권리가 존중되어야 사교육 없는 세상, 경쟁하지 않고도 행복한 세상이 됩니다. 경쟁하는 교육도 나름 일리가 있어요. 다만 그 경쟁이 승자뿐 아니라 사회 구성원 전체에 유익하려면 두 가지 원칙이 있어야 합니다.

첫째, 그 경쟁이 공정해야 합니다. 핀란드 교육의 특징은 한마디로 극단적인 평준화입니다. 우리나라로 치면 강남 8학군 학교나 저 시골 분교나 학교 시설, 교사 수준, 수업 내용 모두가 극단적으로 균일하다는 말이죠. 다른 말로 하면, 부잣집에 태어났다는 이유로 남보다 유리할 수 있는 조건을 모두 없앤 겁니다.

두 번째, 탈락자에게 계속 패자부활전 기회가 보장되어야 해요. 시험을 봐서 공부 잘하는 1등을 뽑을 수도 있죠. 그러면 나머지 학생들 중에서 노래를 잘하는 학생, 운동을 잘하는 학생, 마음이 따뜻한 학생, 이웃의 불행에 대해 관심이 큰 학생들에게도 1등 기회를 줘야죠. 그래서 한 반 30명 모두가 1등이 되지 말라는 법이 어디 있습니까. 누구는 공부를 잘하고, 누구는 노래를 잘하고, 누구는 운동을 잘하고… 이걸 어떻게 비교합니까?

제가 서울대 법대에 강연을 갔는데 학생들이 '현장에서 치열하게 활동하는 변호사 하종강'이라는 타이틀이 적힌 포스터를 붙였어요. 서울대에서 일하는 친구가 전화하더니 "너 언제 변호사 됐냐"라고 묻더라고요. 하종강 변호사 온다고 현수막과 포스터가 수십 장 붙었다는 겁니다. 우리나라에서 제일 똑똑하다는 학생들이 제가 변호사일 거라고 넘겨짚는 실수를 한 거예요.

저를 변호사로 오해하는 사람들이 가끔 있습니다. 변호사들도 같이 있는 노동문제연구소의 소장이었으니까, 사법연수원 노동법 세미나에서 노동법을 가르친 적도 있었다니까 똑똑한 사람들이 '저 사람 최소한 변호사겠지' 그런 짐작을 마음대로 하는 겁니다. 이게 얼마나 심각한 편견이에요. 변호사라 말을 공짜로 듣고도 썩 기분이 좋지 않았습니다.

한국민족예술인총연합(민예총) 진보학교에서 철학 강의를 한 적이 있었어요. 첫날 참석자들이 돌아가면서 자기소개를 했습니다. "대학교 학생회에서 활동하고 있습니다. 한총련 소속입니다"라고 소개하는 사람이 있었습니다. 그날 강의가 끝나고 버스 타는 곳까지 그 청년이 저를 배웅하길래 나란히 걷다가 제가 물었습니다. "어느 학교 다니세요?" 우리 사회에서 그런 질문을 할 때는 '혹시 우리 학교 후배는 아닐까' 그런 궁금증이 있는 겁니다. 마침 같은 학교라면 얼마나 반갑겠어요. 뭐 하나라도 더 잘해주고 싶겠죠. 그 청년이 이렇게 답했습니다. "학벌 없는 사회를 지향하기 때문에 말씀드리지 않겠습니다. 제가 그 단체에서 활동하거든요."
물어본 제가 얼마나 부끄럽던지요.

장하준 교수가 『그들이 말하지 않는 23가지』의 속표지에 쓴 글입니다.

> 200년 전에 노예해방을 외치면 미친 사람 취급을 받았습니다.
> 100년 전에 여자에게 투표권을 달라고 하면 감옥에 집어넣었습니다.
> 50년 전에 식민지에서 독립운동을 하면 테러리스트로 수배당했습니다.
> 단기적으로 보면 불가능해 보여도 장기적으로 보면 사회는 계속 발전합니다.
> 그러니 지금 당장 이루어지지 않을 것처럼 보여도 대안이 무엇인가 찾고 이야기해야 합니다.

누군가 200년 동안 포기하지 않았기 때문에 노예제도가 철폐되었고, 누군가 100년 동안 포기하지 않았기 때문에 여성이 참정권을 가지게 되었고, 누군가 50년 동안 포기하지 않았기 때문에 해방이 된 겁니다. 그러면 그 사회에서 200년 동안, 100년 동안, 50

년 동안 포기하지 않고 노력한 사람들은 어떤 사람들이었을까요? 제가 볼 때는 바로 여러분과 같은 사람들이었습니다. 눈앞의 이익만 좇는 것이 아니라 미래의 꿈을 보는 사람들, 어느 시대에 어느 사회에나 여러분 같은 사람들이 있었던 겁니다. 그러한 생각으로 조금 어렵더라도 사교육 걱정 없는 세상이 올 때까지 포기하지 않고 나아가는 우리들이 되기를 바랍니다. 고맙습니다.

ⓒ 「하고 싶은 일 해, 굶지 않아」, 하종강 외 지음, 시사인북, 2014

작가 소개

하종강

한울노동문제연구소 소장, 성공회대학교 학장. '하종강의 노동과 꿈'이라는 사이트를 운영하면서 노동자들과 소통하고, 노동 현장의 목소리를 대중에게 전달하고 있다. 저서로는 『그래도 희망은 노동운동』, 『아직 희망을 버릴 때가 아니다』, 『길에서 만난 사람들』 등이 있다.

느낌들

최규석 작가의 『송곳』은 2007년 이랜드 홈에버 파업사건을 모티브로, 이 땅의 노동 현실을 그린 웹툰이다. 외국계 유통회사에서 부당한 대우를 참아오며 버티려 했지만, 자신이 맡고 있는 매장의 판매사원을 전원 해고하라는 회사의 지시를 거절한 이후 사내의 공식적인 왕따가 된 이수인 과장. 인간에 대한 존중은 두려움에서 나온다며 노동관련법을 모르는 이들에게 그들이 처한 현실과 대항하는 법을 설파하는 노동상담소 구고신 소장. 이들을 중심으로 웹툰은 대형마트 비정규직 판매사원들에 대한 부당해고 과정과 투쟁의 전말을 다루고 있다. 과거의 이야기를 들려줌에도 여전히 현재에도 유효하고 의미 있는 이야기로 다가오는 문제가 바로 노동이다. '그러나 여전히'가 아니라 '그래도 아직'의 문제다.

한국의 협동조합을 상상하다

김현대 · 하종란 · 차형석

협동조합 열풍이 불고 있다. 해외 협동조합 기업의 꿈같은 이야기가 우리의 마음을 붙잡는다. 하지만 현실로 돌아오면 강한 의문이 생긴다. 우리도 할 수 있을까? 남의 등 긁는 이야기가 아닐까?

협동조합은 기업이다. 협동조합을 한다는 것은 사업을 시작한다는 뜻이다. 한 사람이 사업에 뛰어든다는 것은 모든 것을 던진다는 뜻이다. 월급쟁이가 사업하기 위해 사표를 내겠다면, 일단은 말리고 본다. 협동조합 기업을 운영하는 것은 일반 기업보다 더 어렵다. 사업 목적이 단순하지 않기 때문이다. 민주적 원칙이니 지역사회 기여니, 고상해 보이는 협동조합의 원칙을 지켜야 한다.

돈을 많이 벌기만 하면 협동조합이 아니다. 또 협동조합은 '협동' 해야 한다. 항상 의논해서 공동의 합의를 끌어내야 한다. 1인 1표 원칙이다.

두 사람이 동업하기도 어려운데, 많은 사람이 의견을 모아야 하는 협동 사업을 잘해낼 수 있을까? 분명한 것은 협동조합 사업을 하려면 꼭 해야 하는 절박성이 있어야 한다는 것이다.

우리는 승자독식의 시장만능주의가 가장 고착화된 세상에 산다. 그만큼 협동조합이라는 다른 경제와 다른 기업에 거는 기대가 크다. 협동조합은 자유와 신뢰, 경제민주화, 공동선, 다양성 같은 미래의 가치와 부합한다. 고정관념의 둑은 언젠가 터지고 만다. 다만, 생소한 길이기에 그 첫걸음이 더디고 어색할 뿐이다.

협동조합으로 하기에 적합한 사업을 아래에 모았다. 여러 전문가의 의견을 참고했다. 냉정하게 분석하기보다는 상상력과 언론인의 직관으로 '어떻게 협동조합을 할 것인가? how to coop'의 답을 모색했다.

협동조합의 상상력이 필요한 우리의 현실

서울 이화여대 후문 건너의 동네 빵집 '이화당'은 2012년을 넘기기가 숨이 차다. 1979년에 문을 연 이화당 33년의 주인, 박성은(74) 할아버지와 신연주(70) 할머니는 매일 새벽 5시에 일어나 자정에 문을 닫는다. 몇 달 전 파리바게뜨 매장이 바로 옆 건물에 들어선 뒤로 '죽을힘'을 다하고 있다.

"대기업이 황소개구리처럼 동네 빵집을 다 삼키잖아요. 살아남으려고 발버둥 치고 있어요. 그전보다 한 시간 먼저 일어나고 한 시간 늦게 문을 닫아요. 손님들한테 서비스도 더 많이 주지요. 그렇게 근근이 버티고 있지만 올해를 견디기가 쉽지 않을 것 같네요. (파리바게뜨와) 겨루기가 벅차요. 그동안 아들이 일을 많이 도왔어요. 그런데 그 녀석까지 이제 애착을 보이지 않네요. 전망이 없으니까요."

우리 이웃의 동네 빵집은 '멸종 위기'를 맞았다. 2008년에 8,153개였다가 2011년에 5,184개로 불과 3년 사이에 35.1퍼센트 격감했다. 같은 기간에 대기업 프랜차이즈 빵집은 3,572개에서 5,290개로 45.1퍼센트나 점포 수를 늘렸다. 2012년 초 동네 빵집의 대명사인 서울 동교동의 리치몬드제과점(홍대점)이 문을 닫은 자리에도 엔제리너스 커피 매장이 들어섰다. 대기업 프랜차이즈의 탐욕이 점령한 것은 동네 빵집만이 아니다. 커피전문점과 치킨집, 하다못해 김밥집까지도 싹쓸이했다. 서민의 자영업은 이미 무참하게 무너졌다.

50대의 김아무개 씨는 지방의 한 대도시에서 파리바게뜨 가맹점을 운영한다. 김 씨 역시 3년 전까지 25년 전통의 동네 빵집 주인이었다.

"파리바게뜨 가게로 바꾸라는 걸 처음에는 거부했죠. 그랬더니 바로 옆에 파리바게뜨 가게를 내겠다는 거예요. 어쩔 수가 없었어요. 우리 같은 가맹점주는 대체로 4~6억 원 투자하는데, 제대로 이익 내는 사람 별로 안 됩니다. 몇 년 지나면 몇 억 들여서 가게 확장하고 인테리어를 새로 하라고 해요. 그래야 본사 매출을 늘릴 수 있잖아요. 하지 말고 버티라고요? 그냥 쫓겨납니다. 가게 물품은 모조리 본사에서 비싸게 구입해야 하고, 인테리어 비용은 터무니없는 바가지예요. 본사만 살찌고, 가맹점은 모두 힘든 이상한 구조지요." 김 씨는 "명예퇴직자들이 물정 모르고 가맹점에 뛰어들었다가 코 꿰이는 경우가 많다."라고 말했다.

대기업 프랜차이즈 가맹점의 처지 또한 결코 호락호락하지 않은 것이다. 실제로 가맹점주가 프랜차이즈 본사의 불공정거래를 고발하는 호소가 잇따르고 있으며, 손해를 감수하면서 사업을 포기하는 가맹점도 속출하고 있다. 동네 빵집과 가맹점주 대다수가 어렵고, 대기업 프랜차이즈 홀로 승자독식하는 슈퍼스타 효과가 강화되고 있다.

가장 큰 문제는 해법을 찾기가 어렵다는 것이다. '동네 빵집 살리자'고 사회 전체가 목소리를 내지만, 말의 성찬을 넘어서지 못하고 있다. 대기업의 동네 빵집 점령에 대한 최근의 '사회적 합의'

는 재벌의 사업 포기 요구였다. 이부진 회장의 호텔신라는 '아티제 블랑제리'의 지분 19퍼센트를 홈플러스에 매각했고, 신격호 롯데 회장의 외손녀인 장윤선 씨는 프랑스 식료품 '포숑' 브랜드를 운영하는 '블리스'의 지분을 매일유업 등에 처분했다. 하지만 이러한 지분 매각으로 동네 빵집의 처지가 달라지지는 않는다. 상대적으로 규모가 작은 대기업으로 주인이 바뀔 뿐이다.

행복한 상상 1 – 인구 10만 명마다 빵집 협동조합

커피전문점은 재벌 기업의 자식이 뛰어들 사업이 아니다. 그것은 수상인 자영업자의 등골을 빼먹는 일이다. 빵집 프랜차이즈도 마찬가지다. CJ는 뚜레쥬르 사업을 시작하면서, 50대 이후 은퇴자를 위한 일을 벌인다고 홍보했다. 하지만 빵집 가맹점 사업은 수익성이 바닥이다. 외형은 크지만 본사에 이것저것 떼이고 나면 남는 것이 별로 없다. 사실 커피전문점은 재료비가 적게 들어 수익성이 높아야 정상이다.

치킨집과 마찬가지로 커피전문점과 빵집 사업은 협동조합 방식에 어울린다. 진정으로 은퇴자를 위한 사업으로 만들자면 협동조합 방식을 채택해야 한다. 논리적으로는 복잡할 것이 전혀 없다. 프랜차이즈 본사가 정당한 몫만 가져가면 된다. 뚜레쥬르 브랜드는 그대로 유지하고, 가맹점주가 구매전담 협동조합을 별도로 설립한다고 생각해 보자. 가맹점주는 본사가 직영할 때보다 구매 단가를 훨씬 떨어뜨릴 수 있을 것이다. 과도한 거품을 한 치라도 더 걷어내고 돈이 새나가는 구멍을 일일이 다 막을 것이기 때문이다. 그렇게 구매 과정이 합리화되면 본사 수입을 줄이지 않고도 가맹점 비용을 줄일 수 있다.

인구 10만 명의 도시마다 협동조합 빵집과 커피전문점을 세우자. 그 지역의 동네 가게 주인이 조합원이 된다. 바가지 없는 식재료 공급으로 협동조합 가맹점의 수익성을 높인다. 여러 도시의 협동조합을 묶어 전국빵집협동조합연합회를 조직한다. 협동조합 빵집과 커피전문점은 우리 밀을 많이 쓰고 공정무역 커피만을 판매한다. 로컬푸드와 유기농 식재료를 사용한 신제품을 지속적으로 개발한다.

이웃에 서로 협력할 수 있는 아파트 협동조합이 있다면 더 좋겠다. 빵집에서는 아파트 주민에게 할인 혜택을 주고 주민은 그 빵집의 단골이 된다.

행복한 상상 2 – 협동조합 치킨집의 경쟁력

지역농업네트워크의 박영범 대표는 협동조합 전문가다. 박 대표는 협동조합 하기에 좋은 사업으로 프랜차이즈를 첫손에 꼽는다. 기존 프랜차이즈 가맹점 매출의 20~30퍼센트는 본사로 빠져나간다. 그래서 가맹점주는 늘 불만이다. 대기업인 본사에 뜯긴다고 생각한다. 공급받는 식재료 값이 비싸고, 본사에서 정해주는 인테리어 비용도 터무니없다.

재벌 기업의 프랜차이즈 사업은 그래서 정당한 비난 대상이 된다. 수백 명에서 수천 명의 가맹점주에게 조금씩 나눠야 할 몫이 재벌 오너 가족의 금고로 빠져나간다. 재벌 2~3세들에게는 취미 사업의 이익금이지만 영세 가맹점주에게는 이번 달에 꼭 내야 하는 딸아이 대학 등록금이다.

미국의 버거킹, 맥도날드, KFC, 던킨도너츠가 모두 구매를 전담하는 협동조합 기업을 운영한다. 식재료부터 인테리어에 이르기까지 모든 구매 업무를 협동조합에 전적으로 맡긴다. 그 협동조합의 주인은 조합원인 가맹점주다. 구매 단가를 떨어뜨리거나 협동조합의 수익성이 높아지거나, 그 이문은 모두 가맹점의 몫이 된다. 구매 전담 협동조합을 운영한 뒤로 가맹점은 수입이 늘고, 본사는 신뢰를 얻었다. 미국식 상생 경영의 아름다운 결실이다.

모든 프랜차이즈 사업이 협동조합에 적합하다고 생각하면 오산이다. 취급 품목이 단순해야 한다. 그래야 공동구매 곧 협동의 힘을 극대화할 수 있다. 사업 내용이 지역사회에 기여한다는 가치에 부합하면 더 좋다.

치킨집이 딱 맞다. 동네 치킨집이 지역 단위로 공동 출자해 뭉

치면 된다. 브랜드 관리와 마케팅, 구매 업무를 전담하는 협동조합 기업을 세우는 것이다. 일관된 로컬푸드 원칙을 세운다. 가까운 지역 도계장에서 닭을 공급받고, 소스에 들어가는 마늘, 양파, 고춧가루를 모두 가까운 농협이나 농촌에서 공급받는다. 콜라 대신 식혜나 수정과를 제공하는 것도 아이디어다.

▲ 행복한 상상 3 - 원순 씨는 아파트 협동조합 이사장

박원순 서울시장은 협동조합 찬양자다. 박 시장의 10년 뒤 모습을 상상한다. 자신이 사는 아파트 주민과 함께 협동조합을 결성하고, 서울 시내 아파트 협동조합의 전체 연합회를 구성해 이사장을 맡으면 어울릴 것 같다.

그동안 아파트는 공동체가 사라진 공간이었다. 앞으로도 그럴 것인가? 생각을 확 바꿔보자. 아파트의 입주자대표자회의가 1인 1표의 민주적 방식으로 의사 결정이 이뤄지고 지역에 기반을 둔다는 긍정적인 점에 주목하자. 기초 공동체의 단위로 작동할 수 있는 가장 좋은 조건을 갖추고 있다.

서울의 한 아파트는 2,000가구 규모다. 100~150제곱미터대인 가구마다 30만 원 안팎의 월 관리비를 납부한다. 아파트관리사무소에서 한 달에 6억 원의 현금을 운용하는 셈이다. 주민들은 그 엄청난 돈이 얼마나 투명하게 쓰이는지 잘 알지 못한다.

내가 사는 아파트에 협동조합을 결성하면 무엇이 달라지나? 우선 관리의 투명성을 높일 수 있다. 조합원(주민)은 대의원과 이사진을 선출하고, 연례 총회에서 결산 및 새해 사업계획을 보고받는다. 조합원이 많이 알고 적극적으로 참여하면, 관리비 누수의 작은 구멍까지도 찾아낼 수 있을 것이다.

아파트라는 생활공간을 활용한 비즈니스 모델은 무궁무진하다. 일부 대기업에서는 대형 아파트 단지에서 생활지원센터 사업을 추진하고 있다. 그런데 집안의 화장실이나 전등 등의 작은 수리를 도맡아 처리하는 홈서비스 사업은 아파트 협동조합이 하기에 딱 맞는 사업이다. 동네 사람이 일꾼이니, 낮에 혼자 있는 주부도 안심하고 문을 열어줄 수 있다는 큰 장점도 있다.

단지 내 장터 개설이나 재활용수거 업체 선정 과정에서 상당한 이권이 발생한다. 협동조합은 그러한 이권을 훨씬 공정하고 유익하게 관리할 수 있을 것이다.

상상력을 동원해 더 크게 그림을 그려보자. 협동조합은 도시를 바꾸고 삶을 바꿀 수 있다. 이사회 결의로 아파트의 공간을 공동 텃밭으로 전환하고, 그 관리를 아파트 노인회에 맡긴다. 근처의 빵집, 과일가게, 식당, 편의점, 옷가게, 문구점 심지어 노래방과도 제휴 계약을 맺는다. 그래서 조합원이 할인 혜택을 누릴 수 있도록 하고, 조합원 카드를 발행한다. 상인들도 할인 혜택을 공유할 수 있는 준회원으로 가입시킨다. 주민도 살고 동네 가게도 살 수 있는 상생의 길을 찾아간다.

대기업의 프랜차이즈 빵집이 치고 들어온다면, 협동조합에서 긴급이사회를 소집해 공동결의를 채택한다. 주민이 대기업 빵집을 이용하지 말자고 공동행동에 나서면, 오래 정이 든 우리 동네 가게를 지킬 수 있다.

행복한 상상 4 - 도시를 바꾸는 아파트 협동조합

앞으로 더 나가자. 텃밭을 관리하는 노인들이 의기투합해 어르신 협동조합을 설립한다. 근처 학교와 관공서를 찾아가 자투리 텃밭 공간을 최대한 확보하고, 유기농 협동조합의 도움을 받아 가장 안전한 농산물을 생산한다. 푸드 마일리지 제로에 가까운, 지구 환경에 가장 이로운 농산물이기도 하다. 동네 생협에 판매를 맡기면 누이 좋고 매부 좋을 것이다.

택배 사업과 세차 사업에 뛰어들 수도 있다. 아파트 안에서의 가가호호 배달을 어르신 협동조합에서 맡는 방식이다. 동네 어르신이 직접 물건을 배달하는 모습을 상상해보라. 택배 회사 차원에서는 추가 비용을 들이지 않고 고객만족도를 높일 수 있는 선택지가 될 수 있다. 경로당에서는 한문을 비롯한 여러 교양 강좌를 개설한다. 주민 중에서 능력을 갖춘 강사를 찾으면 좋겠다. 경로당의 고스톱 문화를 바꾸는 혁명을 덤으로 이뤄낼 것이다.

부녀회는 생협 조직으로 전환한다. 관리사무소의 공간을 활용하거나 상가의 가게를 임대하면 된다. 근처 생협에 도움을 요청하면 버선발로 달려올 것이다. 조합원의 출자금으로 기본적인 투자 재원을 조성한다. 2,000가구 아파트에서 가구당 3만 원씩 출자한다면 금세 6,000만 원의 뭉칫돈이 모인다. 생협 사업을 활성화하면 어린이집과 유치원 사업으로 판을 키운다. 엄마의 마음으로 아이들을 돌보고 할머니의 정성으로 밥을 해 먹이는 육아공동체를 꾸린다면 어찌 경쟁력이 없겠는가? 기존의 어린이집이 잘 꾸려졌다면 아파트 조합원의 만족도를 조사해 건강한 비판과 의견을 전달할 수 있을 것이다.

공동체에 관심이 많은 의사 조합원이 있다면 내친김에 의료 생협을 설립한다. 주민 조합원 공동의 힘으로 우리 가족의 예방의학을 책임지는 진정한 의술의 장을 열어간다.

아파트 협동조합은 핵폭탄급 위력을 발휘한다. 물론 세상을 긍정적으로 변화시키는 힘이다. 도시 생활의 출발점인 아파트 공간이 생활공동체로 바뀐다. 여러 아파트 협동조합이 함께 모여 서울 시내 아파트 협동조합연합회, 또 전국연합회까지 결성한다고 생각해보라. 옆집 아이 얼굴도 모르던 삭막한 삶이 이웃과 더불어 살아가는 따뜻한 공동체 공간으로 변해간다.

행복한 상상 5 – 마을버스는 협동조합 사업

마을버스는 서민의 발이다. 그런데 버스 사업자는 노선만 잘 잡으면 손쉽게 큰돈을 번다. 사업자의 경영혁신 능력은 요구되지 않는다. 마을버스를 아무리 많이 이용해도 주민에게 돌아오는 것은 아무것도 없다. 10원 한 푼 할인받지 못한다. 그렇다고 마을버스를 이용하지 않을 수도 없다. 택시는 너무 비싸다.

서울의 지하철 2호선 낙성대역에서 서울대 후문으로 들어가는 마을버스를 보자. 언제나 만원이다. 주말에도 수입이 쏠쏠하다. 근본적인 질문을 던지지 않을 수 없다. 이렇게 황금알을 낳는 마을버스 노선을 영리 사업자가 운영하는 것이 정당한가? 독점이라는 사업의 본질을 직시하자. 마을버스 사업자와 허가권을 쥔 공무원, 그들 사이 누군가의 주머니로 과도하거나 부당한 초과이윤이 흘러 들어가고 있다.

정부가 독점의 폐해를 바로잡지 않으면 방법은 하나다. 주민의 자력으로 마을버스 협동조합 기업을 세우는 것이다. 그래서 버스 사업자 한 사람이 손쉽게 챙겨가던 목돈을 주민에게 고루 나누자. 협동조합에 출자한 조합원에게 100원 할인 혜택을 제공할 수 있다. 연말에 잉여금이 발생하면 또 조합원에게 배당한다. 물론 마을버스를 많이 이용한 조합원에게 배당금을 더 많이 지급한다.

서울시는 신설하는 마을버스 노선의 사업 기회를 1차적으로 해당 지역 주민의 협동조합에 부여하는 것이 마땅하다. 그것이 경제 정의에 부합한다. 조례를 제정해야 한다. 기존 노선이라면, 사업권 갱신 때 복수 경쟁을 붙인다. 주민의 마을버스 협동조합이 기존 사업자와 공정하게 경쟁할 기회를 주는 것이다. 협동조합은 지역사회 공헌 프로그램 등으로 좋은 평가점수를 받을 수 있을 것이다.

ⓒ 『협동조합, 참 좋다』, 김현대·하종란·차형석 지음, 푸른지식, 2012

작가 소개

김현대
〈한겨레〉 기자. 평생농업기자로 활동 중이며, 강연과 저술 활동을 통해 선진국 협동조합의 사례를 국내에 소개하고 있다.

하종란
KBS 라디오 프로듀서로 입사해 〈외톨이 청소년을 위한 2박 3일 캠프〉, 〈유럽 대안경제의 힘, 협동조합 기업을 가다〉 등의 프로그램을 제작했다.

차형석
〈시사IN〉 기자. 경제부 기자 시절 협동조합 취재를 계기로 협동조합과 사회적 경제에 관심을 가지게 되었다.

느낌들

『죽은 경제학자의 이상한 돈과 어린 세 자매』는 상상동 컨테이너촌에 남겨진 세 자매가 돈나무 공동체라는 마을에 입소하면서 겪는 이야기를 그린 흥미로운 소설이다. 소설에 등장하는 감가화폐는 게젤과 슈타이너라는 경제학자들이 주장한 공동체 화폐를 차용해, 이자를 발생시키지 않음으로써 소비 지향적 자본주의의 룰을 바꾸는 대안 화폐다. '돈나무 공동체'는 협동조합과 같은 개념은 아니지만, 공동체적 상생을 지향한다는 점에서 자본주의적 삶의 카테고리에 갇힌 우리의 폐쇄적인 경제생활을 반성하게 한다. 소수만이 아니라 사회 구성원 모두가 행복한 세상을 위한 인간적인 상상력이 더욱 발휘되길 기대해 본다.

'광인수집' 이준형 대표, 허기진 청춘을 위하여…

'학교 앞 좋은 형'의 희망 레시피

양민경

🌱 대학 수석 졸업자가 토스트 굽는다?

"대학생들이 답답할 때 부담 없이 찾아올 수 있는 '학교 앞 좋은 형'이 되고 싶었어요. 인문학에 관심 있는 청춘이 즐겨 찾는 '인문학 성지'로도 만들고 싶었고요."

서울 노원구 석계로의 토스트 가게 '광운대학교 인문대학 수석 졸업자의 집(광인수집)'을 운영하는 이준형(29) 대표의 말이다. 2007년 광운대 국어국문학과에 입학해 지난해 2월 인문대 수석으로 졸업한 이 대표는 가게 이름을 왜 이렇게 지었느냐는 질문에 이렇게 답했다.

2015년 3월에 문을 연 이 대표의 토스트 가게는 독특한 상호 때문에 간판을 달자마자 세간의 주목을 받았다. 특히 온라인상의 반응이 뜨거웠다. '고정관념을 뛰어넘은 용기 있는 시도', '장사에 인문학을 접목한 생각이 기발하다'라는 반응도 있지만 '인문계 졸업자 90퍼센트가 논다'라는 의미의 신조어 '인구론'의 대표적 사례라는 부정적 반응도 적지 않았다.

지난달 24일 오후 가게에서 만난 이 대표는 이런 반응에 크게 개의치 않아 보였다. 그는 가게 주력 메뉴인 '계치득' 토스트를 구우며 대학생 손님들과 끊임없이 대화를 나눴다. 계치득은 '계란에 치즈 2장을 넣어 이득'의 줄임말이다.

"인문학은 세상에 '물음표를 던지는 학문'이에요. 세상 조직, 체계가 좋은 방향으로 가고 있는지 스스로 질문할 수 있게 돕는 학문이죠. 가게 이름을 이렇게 정한 건 사람들에게 질문을 던지고 싶어서였어요. 인생은 정해진 답이 없는데 대학 졸업 후 꼭 대기업에 가야 하느냐고요. '수석 졸업자, 별거 없다'라고도 말하고 싶었고(웃음)."

모태신앙인 이 대표는 대학 입학 후 선교단체인 한국기독학생회IVF에 들어가 리더로 활동했다. 그는 대학 재학 중 선교단체뿐 아니라 여러 분야에서 다양한 활동을 했는데 YMCA에서 청소년 대상 성문화·학교폭력예방 강사로 활동한 것도 그중 하나다. '치마만 입는 남자들의 모임'에서 활동해 지상파 예능 프로그램에 출연한 특이한 이력도 있다.

"전 학과 수업이 정말 즐거웠어요. 언어학자 놈 촘스키에 관한 강연을 듣다가 감동을 받아 눈물 흘렸을 정도죠. 주로 IVF 활동에 참여했는데 단체 특성상 책과 인문학을 중시해 수업과 과외활동이 크게 분리되지 않았어요. 여러 활동을 하면서도 좋은 성적을 받을 수 있었던 이유죠."

다양한 활동 끝에 그가 찾은 자신의 적성은 '청소년 진로 상담'이었다. 이 대표는 그간의 경험을 살려 졸업 전인 2013년 청소년 진로상담·컨설팅 업체에 취직했다. 이곳에서 2년간 전국 초·중·고교를 돌며 학생들에게 진로 강의를 했다. 일도 적성에 맞아 팀장까지 승진했다. 회사 규모도 입사 전보다 배로 커졌고 월급도 많아졌지만 그의 불안감은 늘어만 갔다. 회사 상사의 모습을 봤을 때 계속 일하며 행복할 자신이 없어서였다. 결국 그는 기도 끝에

서울 노원구 석계로의 토스트 가게 '광인수집'을 운영하는 이준형 대표

회사를 그만두고 토스트 가게를 차렸다. 큰돈을 벌자는 생각보단 정서적·육체적으로 배고픈 청춘을 돕자는 목적에서였다.

"회사를 그만두고 무슨 일을 할지 고민하던 중 IVF 간사님을 만났는데 이분의 말이 큰 영향을 줬어요. '기왕 장사할 거면 학교 근처에 가게를 내 청춘들에게 도움 주는 좋은 형이 됐으면 좋겠다.' 저도 청소년·대학생을 좋아했기에 흔쾌히 받아들였어요. 영과 육이 굶주린 자를 먹이고 돕는 게 복음을 실천하는 삶이라 믿거든요."

그래서인지 광인수집 토스트는 가격(2,000~2,500원)에 비해 양이 푸짐하다. 가게에서는 현금 결제만 가능해 고객이 돈이 없으면 외상으로 받는데, 정작 외상장부는 없다. 배고픈데 돈 없어서 못 먹는 학생을 위해 장부를 만들지 않는다고 했다. 이렇게 해서 돈이 될까 싶어 매출을 묻자 "먹고살 만큼은 된다"라며 너털웃음을 보였다. 후배들에게 상담을 해주며 '좋은 형'이 되려는 노력도 계속 진행 중이다. 그는 "21살 후배가 가게를 찾아와 '얼마 전 아버지가 돌아가셨다'며 통곡해 가게 문 닫고 6시간 동안 같이 이야기를 나눈 적이 있다"며 "주로 진로·연애·신앙 상담 요청이 많다"고 말했다. 언론 보도 뒤 마케팅 회사를 같이 하자거나 체인점을 내자는 제안도 적잖게 들어오지만 아직은 좀 더 내공을 쌓고 싶어 가게 운영을 지속할 계획이다.

이 대표의 목표는 '좋은 사람이 되는 것'이다.

> "역사 속에서 '좋은 사람'을 찾다 보니 예수님이 나오더라고요. 필사적으로 예수 닮은 사람이 되고 싶어요. 그래서 이 시대 청춘들에게 하고 싶은 일을 해도 행복할 수 있다는 걸 보여주는 '희망'이 되고 싶어요."

ⓒ 「대학 수석 졸업자가 토스트 굽는다?' 광인수집 이준형 대표」, 양민경 기자, 〈국민일보〉 인터뷰, 2015.10.09.

작가 소개

양민경

〈국민일보〉 기자. 2010년부터 한국교회 전반 및 국내외 비정부기구에 출입했다. 한국언론진흥재단의 후원으로 '나눔문화 확산, 법·정책 재정비가 답이다'를 기획, 관련 제도의 개선 필요성과 대안을 보도했다. 종교의 사회참여, 기부문화, 청년층의 재기 발랄한 도전에 관심이 많다.

느낌들

정해진 길에서 자꾸 벗어나려 하는 사람들을 우리는 걱정한다. 그들의 탈선이 새로운 희망을 얻으려는 용기라고 격려받는 건 드문 일이다. 우리는 여느 사람들과 똑같이 행동하지 않는 이들을 보며 불안해하고, 그로 인해 내 안에서 자꾸 흔들리는 일이 생겨서는 안 된다고 다짐한다.
이준형 대표의 꿈은 학교 앞 좋은 형이다. 듣는 순간 그걸 꿈이라고 불러도 되느냐는 냉정하고 현실적인 질문이 뒤따른다. "스칸디나비아라든가 뭐라구 하는 고장에서는 아름다운 석양 대통령이라고 하는 직업을 가진 아저씨가 꽃이본 단 딸아이의 손 이끌고 백화점 거리 칫솔 사러 나오신단다"라는 신동엽 시인의 대답이 비현실적이라고 느끼면서도 우리는 그 아름다움에 매혹된다. 미친 듯이 새로운 길을 찾는 사람들로 인해 우리의 선택지는 다양해진다.

빌딩 옥상에서 양봉을?
곤충과의 달콤한 동거 대작전

한이곤

회사 이름 '비틀에코'에서 '에코'의 의미는 쉽게 와 닿았는데, '비틀'은 도무지 감이 잡히지 않았다. 그러니 회사 이름을 정확하게 기억하는 것도 쉽지 않았다. 강원도 춘천에 있는 비틀에코 사무실이 들어서면서 '비에틀코'가 맞느냐고 물었던 것이다. '비틀에코'인지 '비에틀코'인지 계속 입에서 맴돌다 확률 50퍼센트짜리 게임에서 지는 카드를 선택하다니. 억세게 운이 나빴다. 하지만 이제는 절대 헛갈리지 않는다. '비틀에코'. '비틀'이 무슨 뜻인지 알았기 때문이다. 비틀은 '딱정벌레'를 의미하는 영어 단어 'beetle'에서 따왔다.

인간과 공존해야 할 친구 '곤충'

딱정벌레는 다양성과 적응성 면에서 가장 성공적인 지구 정복자로 꼽히는 곤충이다. 그래서 딱정벌레는 곤충 중의 곤충이라고 일컬어진다. 비틀에코라는 회사 이름에서도 '비틀'은 곤충을 대표하는 상징 역할을 한다. 비틀에코는 곤충에 관한 일을 하는 친환경 기업이다.

지구 상에는 약 130만 종의 곤충이 살고 있다고 한다. 이 중 우리나라에는 약 5만 종이 있는 것으로 추정되며, 1만 5,500여 종이 정식으로 등록되어 있다고 한다. 이 곤충들은 우리가 퇴치하거나 멀리해야 할 대상이 아니라 함께 살아가야 할 공존·공생의 친구 같은 존재이다. 그럼에도 우리는 경멸적인 상황을 설명할 때 '벌레 보듯 한다'라고 한다. 이렇듯 우리는 벌레를 무시하고 있다.

영화 〈설국열차〉를 보면, 꼬리칸 사람들에게 배급되는 식사는 '단백질 블록'이다. 양갱처럼 생긴 이 단백질 블록이 바퀴벌레로 만들어졌다는 사실을 알고 꼬리칸에 탄 사람들은 차별이라고 분노한다. 당연한 반응이다. 그런데 사실 바퀴벌레 같은 곤충들은 우리 인류에게 매우 중요한 식량이다. 세계식량농업기구FAO에서는 곤충의 식용화만이 기아 해결과 영양 보충, 환경 보호를 이룰 수 있다는 보고서를 낸 적도 있을 정도다. 곤충에는 단백질을 비롯하여 비타민이나 아연, 칼슘, 철분 같은 영양분이 풍부하다.

사실 이미 세계 80퍼센트가량의 지역에서 20억 명이 곤충을 먹고 있다. 식량으로 쓰이는 곤충은 무려 1,900여 종에 이른다. 중국이나 동남아, 아프리카에서는 전갈이나 귀뚜라미를 먹고 있고, 이탈리아의 구더기 치즈 카수 마르주는 세계적으로 유명하다. 우리나라도 과거에는 메뚜기나 누에번데기 같은 곤충을 즐겨 먹었다.

또한 곤충은 식물이나 동물을 번성케 하는 1차 생물 구성군으로서의 역할을 하고 있어 동식물의 번성과 다양화에 절대적 영향을 미친다. 아울러 전 세계 인구가 먹는 쌀과 밀 같은 곡물 생산의 70퍼센트를 담당하고 있다고 한다. 화분 매개, 천적 곤충을 이용한 농업까지 감안하면 거의 대부분의 식량 자원에 영향을 미친다고 한다.

비틀에코가 곤충 사업을 통해 이루고자 하는 사회적 가치는 무엇일까? 이 회사의 '기업미션선언문'을 보자.

"지구 상에 살고 있는 생물 중 약 60퍼센트 정도가 곤충입니다. 곤충은 인간이 먹는 식량의 70퍼센트를 생산 가능하게 하고 수많은 식물과 동물들이 살아갈 수 있는 자연환경을 만들어주는 역할을 합니다. 하지만 사람들의 무관심과 기피, 더럽다는 인식으로 인해 익충을 포함한 모든 곤충이 죽어가고 있습니다. 현재는 지구 상에서 하루에 1종의 곤충이 멸종되고 있습니다.

곤충은 다른 생물에 비해 약 14배 정도 빠르게 멸종되고 있으며 이대로라면 어쩌면 오늘 태어난 아이가 우리 나이쯤 되었을 때 곤충을 볼 수 없을지도 모릅니다. 비틀에코는 곤충에 대한 올바른 지식 정보 전달과 인식 변화를 통해 보호와 복원의 중요성을 알리고 사람과 곤충이 함께 살아가는 지역 생태계를 만들기 위해 노력하고 있습니다."

곤충이 없으면 인류가 생존할 수 없을 만큼 결정적인 역할을 함에도 우리 인간들은 곤충의 소중함을 모를 뿐만 아니라 퇴치나 박멸의 대상으로만 삼고 있는 현실이 아이러니하다. 그러나 앞의 선언문에서 보듯 지금처럼 곤충을 대하다간 머지않아 곤충이 사라질지도 모른다. 그래서 비틀에코는 다양한 학습과 체험을 통해 이런 부정적 인식을 바꿔 자연스럽게 곤충의 중요성을 알게 하는 일에 팔을 걷어붙이고 나섰다. 비틀에코는 도시에서도 곤충들이 살 수 있다는 점과 궁극적으로 사람과 곤충이 공존해야 한다는 점을 알게 해 곤충에 대한 인식 개선에도 기여하려고 한다.

▸ "방과 후 교실에서 곤충들과 놀자!"

비틀에코가 하는 일 중 가장 기본적인 것은 초등학교 방과 후 교실을 통한 곤충생태 교육이다. 아이들에게 곤충에 대한 긍정적인 인식을 심어 주고 나아가 인류와 공존해야 할 매우 중요한 '친구'라는 점을 인식시켜 주기 위해서다. 산업화와 산림개발, 토지개발 등으로 곤충이 1900년 이후 100년 만에 약 3분의 1이 멸종되었다고 한다. 지금은 하루에 1종씩 사라질 정도로 그 심각성이 커지고 있다고 한다.

그런데 최근 들어 곤충 관련 산업이 새로운 국면을 맞고 있다. 세계 생물산업경제의 블루오션으로 떠오르고 있는 것이다. 우리나라도 예외가 아니어서 2007년 1천억 원대이던 시장 규모를 2015년에는 3천억 원으로, 2020년에는 7천억 원으로 키우겠다는 게 정부의 계획이다. 그러나 산업적 측면만 부각되는 반면 생태적 가치에 대한 홍보는 미미한 상황이다. 생태적 문제는 산업으로만 해결할 수 없다. 국민적 동의와 동참이 필수다. 그런 점에서 곤충의 생태적 가치에 대한 대국민 홍보는 매우 중요하다. 이런 점에 착안하여 비틀에코는 우선 1차적으로 자라나는 아이들을 대상으로 한 정보교육사업에 나서야겠다고 생각한 것이다.

환경정책은 지속 가능한 사회 구현을 위한 다양한 정책 중 예방적 정책에 초점을 맞추는 게 매우 중요하다. 훼손되고 난 후에 복원한다는 것은 비용과 시간이 예방보다 훨씬 많이 들 뿐만 아니라 애초대로 복원하기도 거의 불가능하다. 그렇다면 선택은 하나다. 예방 교육에 많은 투자를 하는 것뿐이다. 비틀에코는 정부에서 발표한 2006년부터 2015년까지 10년간의 환경, 생태 교육의 비전과 목표를 제시한 '환경교육 발전 로드맵'에 들어 있는 생태교육에 주목했다.

특히 이 로드맵에는 기후변화 대응과 지역생태계 보전을 통한 경제, 사회, 환경, 생태계 정책의 통합성 제고를 목표로 하는 '생태계보전 장기종합계획'을 세웠는데, 이 계획에 따르면 지속 가능 발전 생태교육 실행방안을 마련하고 학교 생태교육의 내실화를 추진하고 지자체 중심으로 일선학교, 시민단체, 기업과 연계하여 지역별 특성화된 체험환경교육 프로그램 개발·보급 확대 내용이 골자로 포함되어 있다. 지역 내에서의 경제적·사회적·정치적 그리고 생태학적 상호 의존성에 대한 명확한 인식, 관심 조성을 위한 생태교육이 1차적으로 필요하며 생태계를 보호하고 개선하는 데 요구되는 지식, 가치, 태도, 참여, 기능을 획득할 기회를 제공하여 새로운 생태학적 행동 양상을 창출하는 생태교육 프로그램의 발굴 및 개발이 필요한 것이다.

비틀에코는 방과 후 학교 지원 및 육성정책에 따라 사회적기업이 참여하여 수익을 낼 수 있다는 판단을 했다. 방과 후 학교 운영 목적인 교과 중심에서 특기 적성 중심으로 변화하고 있고 이에 따라 현직 교원이 운영하던 방식에서 외부 강사에게 문을 열어 놓고 있기 때문에 자신들의 프로그램 역시 충분한 경쟁력이 있다고 자신한다.

비틀에코는 방과후학교의 외부 강사 강의 비중이 커지면서 강사가 크게 부족한 점을 감안하여 곤충을 이용한 생태교육 전문가 양성에도 나서고 있다. 강사양성 프로그램은 양성평등 수준과 임금 및 일자리 창출에 이르기까지 여러 관점에서 높은 평가를 받으면서 여성 우수 유망직종으로 주목받고 있어 이 사업 역시 비틀에코로서는 매우 중요한 과제이다.

비틀에코는 '우화스쿨'이란 브랜드명으로 교육용 키트 제작에도 나서고 있다. 아이들이 곤충에 대해 알아가는 과정을 아이들이 알기 쉽도록 우화식으로 보여 준다는 생각에서 교재를 만든다.

가능한 교재를 직접 만드는 비틀에코는 표본 제작을 위해 아이들과 직접 채집도 적극적으로 다닌다. 그런데 비용이 만만치 않아 걱정이 많다. 비틀에코는 아이들에게 한 개당 4만 5,000원 정도 하는 전문가용 포충망을 주는데, 아이들이 한번 채집을 다녀오면 네다섯 개씩 고장이 난다. 1년에 100여 개 정도 구입하는데, 절반 정도만 성하다.

그러다 보니 방과후 프로그램은 중점 사업이긴 하지만 기업의 수익성 차원에서는 수지를 겨우 맞추는 정도다. 그래도 비틀에코가 이 사업에 적극적으로 나설 수밖에 없는 것은 곤충과 더불어 사는 사회를 만들자는 사회적 가치 실현을 위해서다.

◈ 도심에서 양봉을? '달짝지근' 프로젝트

비틀에코는 요즘 대형 프로젝트에 전사적 운명을 걸고 있다. 바로 도심 양봉과 옥상 정원 사업을 결합한 '달짝지근' 프로젝트다. 이 프로젝트는 한화 그룹에서 지원하는 '친환경 사회적기업 지원사업'에 선정되어 사업비와 컨설팅을 지원받은 사업이기도 하거니와 향후 사업 방향을 확고하게 다져 줄 수 있는 기반 사업이기 때문이다.

"비틀에코의 달짝지근 프로젝트 첫 사업지는 춘천 남부노인복지회관 옥상이 될 것 같습니다. 현재 복지회관을 비롯하여 시청 등 관련기관과 구체적인 인허가 문제를 협의 중입니다."

비틀에코는 애초 춘천의 전통 시장인 중앙시장 옥상을 사업 공간으로 생각하고 시장 측과 협의를 진행해 왔다. 그래서 방수를 비롯하여 배관, 배수 등 기본적인 설비는 물론 안전 진단까지 진행했다. 그런데 안전 문제가 있을 것으로 예상되어 부득불 대체 장소를 물색한 것이다. 그곳이 바로 남부노인복지회관이다.

애초 비틀에코는 달짝지근 프로젝트를 구상하고도 대규모 자금이 투입되는 등 문제가 있어 장기 과제로 넘기고 고민만 하고 있었다. 그러던 이 사업이 급물살을 탄 것은 한화의 친환경 사회적기업 지원사업으로 선정되면서다.

비틀에코는 이번 사업에서 옥상에 정원을 꾸밀 때 단순히 식물을 심는 데 그치지 않고 디자인적으로 도시환경을 조성한다는 계획이다.

"비틀에코는 옥상 공간을 음악 공연장, 나만의 방, 도서관, 놀이터 등 테마별로 구성할 예정입니다. 복지회관의 옥상을 큰 정원을 연상시키는 흥미롭고 재미있는 공간으로 만들어 고객들이 지속적으로 찾을 수 있도록 할 예정입니다."

이렇게 정원을 꾸민 옥상에다 요즘 사회적으로 관심을 끄는 양봉을 시작할 계획이다. 이 사업은 상징성을 감안하여 캐릭터 양봉 벌통을 제작할 예정인데, 이렇게 사람들과 곤충의 자연스러운 만남을 통해 사람들로 하여금 곤충에 대한 혐오감을 바꾸는 데 일조하려고 한다.

이런 점에서 비틀에코는 이 옥상 정원을 곤충생태교육 현장으로도 활용할 계획이다. 그동안 비틀에코는 방과후교실을 통해 주로 교실 안에서, 또 어린이를 대상으로 교육해 왔다. 곤충교육은 교실 밖 현장에서의 교육이 무엇보다 중요하게 요구되는데, 이런 문제점을 극복할 수 있는 좋은 대안이 바로 옥상 정원이라는 것이다. 그래서 비틀에코는 학생은 물론 어른들을 위한 곤충 생태학습 프로그램을 개발 중에 있다.

한편 디자인 벌집키트 제작 및 분양 프로그램도 실시할 예정이다. 이 프로그램은 참가한 소비자들이 직접 디자인한 벌집을 양봉에 사용할 수 있도록 만들어 보는 체험 교육이다. 비틀에코는 100여 명에게 자신이 만든 벌집키트에서 직접 양봉을 할 수 있도록 분양과 더불어 교육도 할 작정이다. 이렇게 개인 벌집에서 생산된 꿀은 개인들에게 보내 주거나 기부할 수 있다.

비틀에코의 달짝지근 프로젝트는 여러 가지 면에서 큰 의미를 지닌다. 특히 남녀노소 누구나 참여할 수 있는 지역 네트워크를 구축하여 휴식 공간을 확장한다는 점에 주목할 필요가 있다. 비록 비틀에코가 처음 시작하는 일이지만 이 사업은 지역의 문제로 의미가 확대됨으로써 지역 네크워크를 구축할 수 있다. 지역 단체들과 공통된 미션을 공유함으로써 유기적 관계를 형성하는 가운데 자연스럽게 많은 시민과 결합하여 깊고 넓은 공감대를 형성할 수 있는 것이다.

그리고 황량하던 건물의 옥상이 정원으로 탈바꿈하면서 녹색 공간이 만들어진다는 점은 여러 가지로 시사하는 바가 크다. 특히 이 사업을 벤치마킹한 사업들이 다양한 형태로 춘천시 전체로 확산돼 나간다면 공간 구조적으로 단절된 녹지를 잇는 벨트가 조성될 수 있으며 궁극적으로 생태 도시가 만들어질 수도 있다.

그래서 비틀에코는 이 사업에 전사적 운명을 걸고 있다고 해도 틀린 말이 아니다. 사업은 2013년부터 2015년까지 3단계로 추진된다. 2013년은 기초단계로 옥상 정원과 도심 양봉에 관한 계획을 수립하는 한편 본격적인 사업 추진을 위한 인프라 구축 및 준비를 완료한다.

활성화 단계인 2014년에는 상, 하반기로 나눠 옥상 정원을 각각 2구획씩 조성하는 한편 벌 10만 마리를 들여와 시범 양봉사업을 전개한다. 아울러 시범 사업으로 생산된 꿀에 대한 품질 조사 및 제품화 가능성을 추진하고, 꿀벌집 제작 및 곤충생태교육을 적극적으로 추진한다.

안정화 단계인 2015년에는 도심 양봉을 10구획으로 확장하는 한편 다른 기업이나 기관의 정원을 확보하여 추가 사업을 진행하고, 지역 주민들에게 정원 및 텃밭 민간임대 추진, 코스하로 인한 다양한 콘텐츠 개발 등을 추진한다. 특히 벌꿀 연간 300리터 확보 체계를 구축하여 벌꿀 판매는 물론 지역 연계 제품도 개발, 출시한다는 계획이다.

이 프로젝트에 대해 비틀에코는 다양한 기대효과가 창출될 것으로 전망한다. 우선 사람과 곤충이 함께 공유할 수 있는 도심생태 공간이 구축된다. 춘천의 도심지역 주민들이나 관광객이 머무르고 즐길 수 있는 공간이 마련됨으로써 도심의 휴식 공간이나 공원 부족 문제가 해결되고 나아가 도심 공동화 현상을 해결할 수 있는 대안으로 기능하게 된다.

또한 곤충에 대한 인식을 변화시키고 관심을 증대시킬 플랫폼 구축에 기여할 수 있다. 아울러 비틀에코의 목표인 '곤충과 사람이 함께 살아가는 새로운 생태계 구축'이라는 목표도 이룰 수 있다.

일본의 도심 양봉 '긴자 프로젝트'

비틀에코 한이곤 대표와 직원들은 지난 8월에 일본 신주쿠로 견학을 다녀왔다. 달짝지근 사업의 후원사인 한화와 사단법인 씨즈와 함께한 견학 프로그램이었지만 비틀에코는 견학 이상의 의미를 두었다. 달짝지근 프로젝트의 성공적인 출발을 위한 철저한 준비 차원에서였다.

　잘 알려져 있다시피 박원순 서울시장이 서울시청 옥상에서 진행했던 도심 양봉 사업이 바로 달짝지근 프로젝트의 핵심이다. 이 사업은 일본 도쿄의 중심가인 긴자의 건물 옥상에 정원을 만들고 그곳에서 양봉을 하는 '긴자 프로젝트'가 롤모델이다.

　비틀에코가 방문한 현장은 긴자 프로젝트의 하나로 '시부야328'이 양봉 사업을 하는 곳이었다. 복잡한 도심의 대명사인 시부야에서는 올해로 8년째 도심 양봉 프로젝트가 성공리에 진행되고 있는데, 이 프로젝트를 진행한 단체가 바로 시부야328이다. 시부야의 상인과 지역 주민 30여 명이 참가하는 이 단체의 '328'의 의미는 '꿀'이라는 뜻을 지닌 3미쓰과 한자 사람 인人의 획수인 2 그리고 벌이라는 의미를 지닌 8하치을 합하여 만든 것인데, '벌과 꽃을 인간이 엮어 주자'라는 의미를 지니고 있다고 한다.

시부야가 워낙 도심이라 열섬 현상이 더욱 심해지는 가운데 마을에선 벌이 사라졌다. 농약과 지구온난화 때문이었다. 도심에 벌이 돌아오도록 하자는 취지에서 이들은 이 분야의 선구자라고 할 수 있는 도쿄 긴자 프로젝트를 벤치마킹해서 진행했다. 길가에는 벚나무를 심고 건물 옥상에서는 양봉을 하는 형태였다.

처음 시작할 때만 해도 어려움이 있었지만 지금은 대성공이다. 벌을 무서워하던 건물 주인들이 양봉을 하도록 허락해 주어 많은 건물 옥상에서 진행되고 있고, 나름 원칙을 정해 벌을 치고 있다. 설탕 주지 않기, 벌이 영역 다툼으로 받는 스트레스를 줄이기 위해 개체 수 조정하기, 꿀의 깊은 맛을 위해 아침 해가 뜨자마자 꿀을 뜨기 등의 원칙이다. 이 원칙 덕분에 시부야328 꿀은 시중의 일반 꿀보다 비싸게 팔린다고 한다.

긴자 프로젝트의 성공으로 꿀벌을 살리자는 내용을 담은 오페라와 연극이 등장했을 만큼 도심 양봉은 유명세를 타고 있고, 전문 매장은 물론이거니와 대학이나 농림수산성에서도 교육 홍보에 적극적으로 나설 만큼 확산되고 있다.

💧 "딱정벌레에 반해 회사까지 만들었죠"

친환경을 추구하며 도심에 생기를 불어넣는 사업을 하는 비틀에코의 출발은 여느 사회적기업과 크게 다르지 않다. 청년 창업자의 관심사와 공모 프로그램이 합작하여 빚어낸 기업이라는 점에서 그렇다.

비틀에코의 태동은 강원대 생물학과에 다니던 한이곤 대표가 자신의 관심 분야를 창업과 연결하면서부터다. 서울에서 태어나 고등학교까지는 서울에서 다녔던 서울 토박이 한이곤 대표는 초등학교 시절 서울과학박물관에 견학을 갔다가 유전 공학자의 꿈을 품었다. 그러다 꿈을 이루려고 강원대 생물학과에 진학하게 되었다.

생물학과는 그가 기대했던 만큼 재미있었다. 감기약을 먹을 때에도 예전에는 그냥 감기약으로만 생각했는데, 생물학과에 다니면서부터는 이 약은 어떤 약리 작용을 통해 우리 몸의 질병을 치료하는지를 분석적으로 생각하는 게 재미있었다. 무궁무진하게 펼쳐지는 생물학의 세계에 그는 푹 빠져 버렸다.

한이곤 대표는 신기한 유전자 세상에서 맘껏 꿈을 펼쳐보고 싶었다. 그래서 그는 20년의 역사가 있는 강원대 딱정벌레 연구동아리 '비틀스BEETLES'에 들어간다. 딱정벌레를 채집하여 표본을 만드는 동아리 생활은 매미나 잠자리 정도만 잡아 봤던 그에게는 딴 세상이었다.

"정말 재미있었죠. 강원대 딱정벌레 동아리는 우리나라에 자생

하는 딱정벌레 5,000여 종 가운데 1,500여 종의 표본을 갖고 있을 만큼 국내 최대이자 최고의 딱정벌레 동아리였으니까요."

한이곤 대표는 이 동아리 활동을 통해 다양한 곤충의 세계를 접하면서 곤충에 인생을 걸겠다는 다짐을 했다. 그래서 수업도 곤충 관련 수업을 주로 듣다가 기회가 되어 2009년 교수의 보조 연구자로서 유엔 산하 유엔개발계획UNDP의 '전국습지자연환경조사'에 곤충 조사원으로 활동하게 되었다. 이를 계기로 한이곤 대표는 에코스타의 '호수환경영양성평가사업', 국토해양부의 '제주도 해양생태계조사', 전국 외래항구 외래생물 조사사업, 환경부 '한강하구습지생태계조사' 등 다양한 사업에 참여하면서 다양한 경험을 쌓았다.

"이런 사업에 참여하면서 저는 보통의 학부생으로서는 경험하지 못했을 다양한 경험을 할 수 있었습니다. 그러는 가운데 자연스럽게 진로 고민을 하게 되었죠. 생태 쪽을 공부하는 것을 필드 연구라 하고, 미생물 등 셀 단위를 공부하는 것을 LAB(실험방) 연구라고 하는데, 어느 쪽을 택해야 할지 갈피를 잡기 어려웠습니다. 향후 취직을 감안하면 생태보다는 분자 쪽이 훨씬 유리하기 때문에 고민을 할 수밖에 없었죠.

분자 분야는 치약 만드는 일에도 쓰임새가 있을 정도로 활용 분야가 다양해서 취업이 쉽지만 곤충 쪽은 환경부나 산림청, 농업

진흥청 아니면 대학 연구소밖에 취직할 곳이 없는 게 현실입니다. 그래서 제가 곤충에 인생을 걸겠다고 하니 어떤 교수님은 부모님이 돈이 많으냐고 묻기도 했을 정도였죠."

하지만 마음을 굳게 먹은 한이곤 대표는 청년사회적기업가 1기를 모집하여 육성한다는 얘기를 듣고 학교를 휴학하고 참가하여 비틀에코를 탄생시킨다. 한이곤 대표는 사회적기업 경영이 이렇게 어려운 줄 몰랐다고 했다. 아마 그 어려움을 알았으면 하지 못했을 거라고 했다.

"당시 청년 창업이 화두인 데다 무자본 창업에 대한 정부 지원이 약속되어 있었기에 시작할 수 있었죠. 우리나라는 다른 나라보다 창업하기 좋은 편입니다. 인건비까지 지원해 주는 나라가 없으니까요. 다만 쉽게 창업했다가 정부의 지원이 끊기면 섬이 되어 포기하는 경우가 속출하는 게 문제입니다."

비틀에코라고 재정 상태가 좋은 것은 아니지만 나름 최선을 다하고 있고, 최근 한화의 지원으로 한쪽 날개를 달 수 있게 되었다. 비틀에코는 기업의 가장 중요하고 기본적인 기능인 '이익 창출'이라는 목적을 이루기 위한 다각적인 고민을 하고 있다. 그동안 청년사회적기업가 공모 상금과 점프업 프로그램 지원금 등으로 버텨 왔지만 이젠 달라져야 한다.

그래서 비틀에코는 이 분야에서 독보적인 실력을 갖추고 인지도를 높여 대기업 등과 연계하는 방안을 모색하기로 했다. 지속 가능한 사회적기업이 되기 위한 가장 현실적이고 실현 가능한 방법이란 생각이 들어서다. 이번 달짝지근 프로그램도 그런 방안의 하나로 추진해 성과를 낸 것이다.

비틀에코의 꿈은 크다. 대한민국 곳곳에서 곤충과 아이들이 함께 뛰어놀고, 빌딩 옥상마다 정원이 자리해 달콤한 꽃을 활짝 피우는 그런 꿈을 이루기 위해 그들은 오늘도 고민을 멈추지 않는다.

ⓒ 『**청춘, 착한 기업 시작했습니다**』, 이회수·이재영·조성일 엮고 씀, 부키, 2013

작가 소개

한이곤

빌딩 옥상에서 양봉을 시도하며 곤충과 인간의 상생을 꿈꾸는 에코기업 비틀에코를 설립했다.

느낌들

우리는 종종 곤충을 벌레라 부르며, 그 말 속에 부정적이고 혐오스러운 이미지를 덮어씌운다. 하지만 모든 곤충이 인간에게 해로운 것은 아니다. 20세기를 풍미했던 전설적인 밴드의 이름으로 불렸으며, 자동차 디자인에 영감을 준 딱정벌레나 꽃 주위를 맴도는 아름다운 나비를 보라. 그런데 인간의 이기심으로 생태 서식지가 파괴되면서 곤충이 사라지고 있다. 전 세계 식량의 90퍼센트를 차지하는 주요 작물이 꿀벌의 수분으로 열매를 맺는데, 꿀벌의 개체 수는 급격히 감소하고 있다. 꿀벌이 살 수 없는 환경에서는 인간도 살 수 없다. 환경과 생태에 대한 고민은 곧 우리의 생존에 대한 고민이기도 하다.

제2의 기계시대, 내 직업은 10년 뒤에도 살아남을 수 있을까

구본권

🍃 잘못 예측된 미래

미래는 불확실하기 때문에 미래다. 변동성의 방향과 모습을 예측할 수 있다면 미래는 더 이상 미래가 아니다. 직업의 미래 또한 마찬가지다. 직업의 세계에서 사라진 직업을 설명하기는 쉽지만 미래에 각광받을 직업을 제대로 예측하기란 어렵다. 모든 것이 디지털화하고 인터넷에 연결되는 정보화 사회의 도래를 눈앞에 보던 1990년대 말의 닷컴버블기만 해도 '정보검색사'가 최고의 미래 유망 직업으로 소개되곤 했다. 2000년 당시 최고의 검색엔진으로 맹위를 떨치던 야후에는 '웹서퍼'라는 선망의 직종이 있었다. 하루 종일 인터넷을 마음껏 서핑하면서 내용이 충실하고 신뢰할 만한 고품질의 웹사이트를 골라 분야별로 야후 사이트에 추천하는 것이 웹서퍼의 주된 업무였다. 실제로 인터넷 정보검색사라는 공인 자격증이 있었고 전문가 1~3급으로 구분된 시험에 대비한 학원 강좌가 인기였다.

정보화 사회의 유망 직업이 '정보검색사'였다는 사실은 미래 예측과 유망 직업 선택의 어려움을 알려준다. 미래 사회가 인터넷 세상이 되고 정보검색의 가치가 높아질 것이라는 큰 틀의 예측은 적중했다. 하지만 그런 미래 사회에서 정보검색사가 직업으로 각광받으리라는 전망은 크게 빗나갔다. 야후 웹서퍼는 '반짝' 하고 사라진, 직업 세계의 별똥별 같은 존재다. 일반 인터넷 이용자가 향후 검색엔진 분야의 기술 발달 방향이나 1998년 미국의 대학원 박사과정 학생 두 명이 벤처 기업 형태로 선보인 구글이라는 소규모 검색엔진의 기술구조와 미래를 파악하고 예측한다는 것은 불가능에 가까웠다. 라이코스Lycos, 알타비스타Altavista, 야후 등 당시 글로벌 검색엔진의 전문가들도 상상하지 못한 방식으로 기술은 진화했고 시장을 선점했던 선발업체들은 쓴잔을 마시고 사라져갔다.

미래의 모습이나 미래 사회의 산업 지형을 예측하기 어렵다고 해서 미래에 대한 조망이 무의미해지는 것은 아니다. 미래학 분야의 세계적 석학인 하와이대 미래학연구소의 제임스 데이터[James Dator] 교수는 "누구도 미래를 예측할 수 없다. 미래 예측은 점쟁이나 하는 것"이라고 말한다.[1] 미래학은 미래를 예측하는 것이 아니라 미래의 다양한 가능성을 전망하고 그에 대한 연구와 분석으로 미래에 대비하는 학문이다. 가능한 미래를 상상하고 대비하는 미래학의 관점에서 직업의 미래를 보면 족집게 점쟁이처럼 미래의 유망 직업을 예측하지는 못해도 미래의 직업이 놓일 기본적 틀은 파악할 수 있다.

먼저 로봇과 자동화의 영향을 피하기 어려운, 곧 사라져버릴 직업군을 생각하기란 그리 어렵지 않다. 이미 자동화와 로봇은 우리 생활 깊숙이 들어와 사람의 일자리를 빼앗고 있다. 고속도로와 유료도로의 요금징수원은 하이패스 단말기에 밀려났고 신호위반, 과속, 주차위반 등에 대한 단속 같은 교통경찰과 단속원의 업무는 무인카메라가 대신하고 있다. 교통사고 조사 업무도 도로 곳곳의 폐쇄회로 화면과 차량마다 장착된 타코미터나 블랙박스에 의해 간편해지고 있다. 동사무소에서 발급받아야 했던 각종 공문서는 이제 지하철역 등에 비치된 무인 공문서 발급기에 지문을 입력하면 된다. 스마트폰의 음식배달 앱은 각 매장 카운터에서 사람이 전화를 받는 업무를 컴퓨터 화면상의 알림으로 대체했다. 매년 갈

---

[1] 최준호, 「미래학은 예언이 아니다, 좋은 미래를 만들어가는 것」, <중앙선데이>, 2010.11.28.

수록 정교해지고 편리해지는 국세청의 연말정산 간소화 프로그램이나 홈택스 등의 온라인 세금납부 서비스를 경험하게 되면 세무사와 회계사의 업무도 컴퓨터에 밀려나고 있음을 알게 된다. 뉴욕 증권거래소에서 거래되는 주식 매매량의 70퍼센트는 사람의 개입 없는 알고리즘에 의한 트레이딩이다.

  글로벌 정보기술업체들은 앞다퉈 사람의 직무를 대체할 로봇 개발에 나서고 있다. 마이크로소프트가 거느린 로봇 제조업체 나이트스코프 Knightscope는 최근 K5라는 경비용 로봇을 개발해 배치했다. 사람처럼 순찰 업무를 도는 이동형 감시로봇이다. 미국 실리콘밸리 내의 마이크로소프트 사옥에 배치된 이 감시로봇은 고해상도 카메라, 야시경, 열감지기, GPS, 통신장비 등 각종 기기와 센서를 탑재하고 365일 24시간 경비를 서고 있다. 세계 최대의 온라인 쇼핑몰 아마존은 물류창고에 화물 운송용 로봇 키바 Kiva 를 배치했다. 높이 40센티미터의 동그랗고 납작한 키바는 사람보다 3배 빠른 속도로 물건이 담긴 선반을 찾아 옮긴다. 이전까지 아마존 창고의 직원은 카트와 선반을 끌고 하루 평균 30킬로미터 이상을 걸어 다녔지만 이제는 이 모두가 키바의 일이 됐다.

  로봇 개발에 가장 적극적인 기업은 단연 구글이다. 구글은 아직 상업용 모델을 시판하지 않은 상태이지만 2013년에만 여덟 개의 로봇 전문 기업들을 인수하며 미래의 로봇 시대를 선점하기 위해

발 빠르게 움직이고 있다. 메카 로보틱스, SRI 인터내셔널, 윌로 개러지, 레드우드 로보틱스, 보스턴 다이내믹스 등 인수 기업의 목록은 화려하다. 특히 보스턴 다이내믹스가 이미 2005년에 개발한 견마형 로봇 빅도그BigDog는 개처럼 네 발로 보행하면서 오르막이나 내리막 등 험한 길에서 균형을 유지하는 것은 물론 장애물 달리기도 가능한 탁월한 성능의 로봇이다. 미국 국방부의 연구 개발비 지원으로 만들어진 빅도그는 위험한 군사작전 지역에서 군인을 대체할 예정이다. 미 해병대는 2015년 9월 보스턴 다이내믹스가 개발한 전투로봇 스폿Spot과 함께 모의 전투 훈련을 하는 영상을 공개했다. 위험 지역에 대한 수색 작전에서 스폿이 먼저 정찰과 탐색 임무를 수행하게 하고 안전이 확보된 다음 군인이 진입하는 방식의 전투 훈련이었다.

세계적인 연구기관과 언론이 로봇에 의한 일자리 위협을 반영하여 미래 직업의 지형도를 내놓고 있다. 영국의 비영리 재단 네스타가 702개 직군별로 직무의 자동화 가능성과 창의성 정도를 고려해 지수화한 보고서를 발표한 것처럼 미국의 공영라디오 NPR도 2015년 5월 각 직업들의 기계 대체 가능성을 백분율로 표시해서 발표했다.[2]

NPR 자료에 따르면 20년 이내 로봇에 의해 사라질 위험이 가

---

[2] 「Will Your Job Be Done By A Machine?」, 〈NPR〉, 2015.5.21.

장 높은 직업 1위는 99퍼센트의 로봇 대체 가능성을 보인 텔레마케터다. 2위 세무대리인로봇 대체 가능성 98.7퍼센트, 3위 각종 기계의 타이머 조립공98.5퍼센트, 4위 대출 업무직98.4퍼센트, 5위 은행원98.3퍼센트, 6위 스포츠 경기 심판98.3퍼센트, 7위 납품 조달 담당 직원98퍼센트, 8위 제품 포장 운반용 기기장치 운전직98퍼센트, 10위 신용분석가97.9퍼센트, 11위 운전기사97.8퍼센트, 12위 패션모델97.6퍼센트, 13위 법률 회사 비서97.6퍼센트, 14위 회계 담당자97.6퍼센트, 16위 원자재 연마 가공사97퍼센트, 17위 식당 요리사96.3퍼센트, 18위 보석가공 연마직95.5퍼센트, 19위 우편 업무직95.4퍼센트, 20위 전자제품 조립공95.1퍼센트의 순이다.

이 분류에서 가장 안전한 직업은 정신 건강과 약물 복용을 다루는 사회복지 상담사와 재활치료 의료사로 0.3퍼센트의 로봇 대체 가능성을 보였다. 초등학교 교사, 치과 의사, 내과 의사, 외과 의사, 서예가, 영양사 등도 0.4퍼센트의 낮은 대체율을 보이며 안전한 직업으로 조사됐다. 하지만 컴퓨터 프로그래머와 판사는 각각 48.1퍼센트, 40.1퍼센트의 높은 로봇 대체율을 기록했다. 배우와 운동선수도 각각 37.4퍼센트와 28.3퍼센트의 대체율을 보였다. 포렌식 기술자의 미래는 밝았지만대체율 1.0퍼센트, 형사나 범죄취조관은 로봇의 대체율이 33.6퍼센트로 높게 나타났다.

고용노동부 산하기관인 한국고용정보원이 2013년 발간한 「미래의 직업연구」 보고서는 미래 사회의 특징으로 고령화·자동화된 디지털 사회, 아시아의 부상을 꼽고 미래에 유망한 열 가지 직종을 소개했다.[3] 인공장기조직 개발자, 탈부착 골근격 증강기 연구원, 오감인식 기술자, 도시 대시보드 개발자, 사물데이터 인증원, 기억 대리인, 데이터 소거원, 아바타 개발자, 국제 인재 채용 대리인, 문화 갈등 해결원 등이다. 이런 목록은 미래의 사회상을 보여주는, 지금은 존재하지 않는 직업이라는 점에서 의미가 있을 뿐이지, 실제로 10~20년 뒤에 이런 직업이 '인기 직종'이 될지는 알 수 없는 일이다.

전문가들의 전망에서도 사라질 직업은 분명하지만 미래의 유망 직업에 대해서는 의견이 일치하지 않는다. 다만 만물의 디지털화와 알고리즘을 통한 자동화가 거의 모든 직업 영역에 영향을 끼칠 것이라는 점은 분명하다. 따라서 로봇과 자동화의 영향을 근본적으로 피할 수 있는 직업을 선택하려고 하는 것도 위험한 방법일 수 있다. 기술의 진화 방향을 예측하기 어렵기 때문이다. 진로지도 전문가들은 직업 선택 시에 직업의 안정성만이 아니라 구직 난이도, 급여와 지위 같은 사회적 처우, 종사자의 만족도 등 다양한 요소가 함께 고려되어야 한다고 조언한다. 텔레마케터나 세무대리인처럼 로봇 대체율이 높은 직종은 피해야 하지만 로봇 대체율

---

[3] 『미래의 직업 연구』, 한국고용정보원, 2013

이 가장 낮고 창의성이 가장 높은 직업이 '최고의 유망직업'이거나 선호 직업이 되는 것은 아니라는 점도 명심해야 한다.

나의 일자리는 어떻게 될 것인가

2014년 기준 세계 최대의 일자리 창출 기업은 220만 명을 고용한 미국의 유통업체인 월마트다.[4] 두 번째는 110만 명을 고용한 대만의 전자부품 제조사인 홍하이鴻海다. 그 뒤를 61만 8,000명을 고용한 글로벌 보안업체 G4S, 57만 2,800명을 고용한 독일 자동차 업체 폴크스바겐이 따르고 있다.

애플의 아이폰과 아이패드 등을 위탁 생산하는 폭스콘Foxconn의 모회사인 홍하이정밀공업은 2011년 직원 숫자에 버금가는 100만 대의 로봇을 도입해 제조라인에 투입하겠다는 계획을 발표했다. 폭스콘의 저임금 장시간 노동으로 인해 투신 등 자살 시도가 잇따르자 애플이 사과하고 개선을 약속하기도 했다. 그 대안의 하나가 사람 대신 로봇을 투입하는 것이다.

자동차나 디스플레이 공장에서 보듯 무거운 물건을 운반하고 정밀 절단과 용접 작업 등을 수행하는 산업로봇은 힘들고 위험하고 정밀한 일을 빠르고 정확하게 효율적으로 수행한다. 기업 경영자 입장에서 동일한 업무를 사람이 아닌 로봇에게 시킬 수만 있다

---

4 「이용성, '실적 호조 월마트, 직원 수 220만 명으로 세계 1위'」, <조선비즈>, 2014.11.14.

면 초기 도입 비용이 높더라도 사람은 로봇의 경쟁 상대가 되기 어렵다.

생산성과 효율성 측면에서 로봇은 사람과 비교가 되지 않는다. 수익을 우선하는 기업에서 로봇이 더 잘하는 일을 굳이 사람에게 시킬 '경제적 이유'는 없다. 로봇은 점검 시간을 빼고 365일 24시간 가동할 수 있다. 무거운 짐을 나르다가 허리를 다치거나 산업재해를 입지도 않고 가족이 아파 결근하는 경우도 없다. 휴가나 병가가 없는 것은 물론 휴일근무나 야간근무 수당도 필요 없다. 식사 시간도, 커피 마시는 시간도, 잡담하는 시간도, 업무나 퇴근을 준비하는 시간도 필요 없다 노동조합을 통해 근로조건 개선과 임금 인상을 요구하지도 않는다. 열악한 노동조건으로 공장 노동자들의 자살이 잇따랐던 홍하이의 궈타이밍郭台銘 회장은 2012년 초 "사람도 동물이기 때문에 100만 마리의 동물을 관리하는 것은 내게 두통거리다"라고 말한 바 있다.[5]

이제껏 로봇과 자동화가 주로 제조업 분야의 일자리를 대체했다면 앞으로는 고객응대, 지식산업, 전문직 등이 중심인 서비스 분야의 일자리를 대체하리라는 점이 중요한 변화다.

로봇 기술의 발달로 그동안 높은 가격에 용접 로봇처럼 제한적 용도로 쓰였던 로봇의 가격이 낮아지고 활용 범위가 확대되고

---

5 「John Markoff, "Skilled work, with worker"」, 〈The New York Times〉, 2012.8.19.

있다. 백스터Baxter는 특정한 한두 가지 기능을 위해 프로그램되어 있는 로봇이 아니라 사용자가 다양한 용도로 학습시켜서 활용할 수 있는 '범용 로봇'이다. 백스터는 유튜브의 요리 만들기 동영상을 보고 학습해서 음식을 만드는 기능을 선보였다. 그동안 로봇 구입비보다 인건비가 낮아 가능했던 개발도상국의 저임금 노동마저 로봇에 밀려나고 있다. 궈타이밍 회장은 2014년 "저임금 노동은 이제 더 이상 존재하지 않는다. 인터넷을 통해 정보가 자유롭게 이동하면서 세계 어디를 가나 임금 수준이 비슷해졌다. 우리는 앞으로 5년에서 10년 사이에 로봇으로 로봇을 만드는 날이 오기를 기대한다"라고 말했다.[6]

컴퓨터와 자동화에 의한 일자리 감소에 대한 접근법은 사회적 관점과 개인적 관점으로 구분된다. 사회적 차원에서는 사라지는 일자리 규모보다 새로운 종류의 일자리를 더 많이 만들어내면 된다. 하지만 개인에게 중요한 것은 사라지는 일자리보다 새로운 일자리가 더 많이 생길지에 대한 논의가 아닐 것이다. 일자리의 수급 변동은 경제학자와 정책 기획자에게 중요한 문제이지만 개인에겐 그보다 훨씬 중요한 문제가 있다. '자동화 쓰나미 속에서 나의 일자리가 앞으로 유지될 수 있느냐' 하는 문제다.

사실 답은 이미 내려져 있다. 인공지능을 연구하는 뇌과학자인

---

[6] 「Foxconn Plans to Make Its Own Industrial Robots」, 〈The Wall Street Journal〉, 2014.7.11.

카이스트의 김대식 교수는 "현재의 마흔 살 이상 세대가 역사상 가장 행복한 세대"라고 말한다. 그들은 발달한 기술문명의 편의를 최대한 누리면서 로봇에게 일자리를 빼앗기지 않고 은퇴할 수 있는, 거의 유일한 세대일 것이라고 김 교수는 주장한다. 30대 이하부터는 결국 기계와 일자리를 놓고 경쟁하거나 기계에 밀려날 처지라는 얘기다.

〈뉴욕타임스〉 칼럼니스트 폴 크루그먼은 로봇이나 3D 프린터와 같은 첨단기술의 도입으로 인해 전문직의 일자리까지 사라지게 됐으며, 첨단기술의 혜택은 교육 수준이 높은 1퍼센트가 수익을 독점하는 구조라고 지적했다.[7] 우리는 과거와 비교할 수 없을 만큼 부유해졌지만 모든 부는 생산수단인 로봇을 소유한 소수에게 집중되는 사회를 보게 될지도 모른다는 경고다. 첨단기술은 기존의 자본과 노동 간의 수익배분구조를 무너뜨리고 빈부 격차를 심화시키고 있기 때문에 두터운 중산층 형성을 위해서는 사회안전망 확보가 중요하다는 것이 크루그먼의 주장이다. 자본 투자의 혜택이 노동 투입보다 훨씬 크다면 이를 세금으로 환수해서 재분배해야 한다는 것이 그의 구체적 제안이다.

일찍이 1930년에 영국의 경제학자 존 메이너드 케인스John Maynard Keynes도 앞으로는 '기술 발달에 따른 실업technological

---

[7] 「Paul Krugman, "Sympathy for the Luddites"」, 〈The New York Times〉, 2013.6.13.

unemployment'이라는 신종 질병이 불가피할 것이라고 예견했다. 그러나 그는 기술 발달과 기계가 사람의 일자리를 빼앗는 것은 일시적으로 나타나는 부적응 현상일 뿐, 오래지 않아 사람은 늘어난 소득과 기계의 효율성에 적응할 것이라고 낙관했다. 똑똑해진 기계 덕분에 인간은 더 이상 일자리를 걱정할 필요가 없고 생계를 위한 노동에서 벗어나 무한한 여가시간을 어떻게 쓸지를 고민해야 한다는 것이 케인스가 그린 장밋빛 미래다.

80년이 지나 로봇이 현실화한 시점에 케인스와 똑같은 견해가 반복된다. 페이팔PayPal의 공동 창업자로 『제로 투 원Zero to One』 저자인 피터 틸Peter Thiel은 "로봇혁명으로 사람들은 일자리를 잃어버리게 되지만 그 혁명은 사람들이 다른 많은 일을 할 수 있도록 자유롭게 풀어줄 것"이라고 주장한다.[8]

에릭 브린욜프슨과 앤드루 맥아피도 로봇과의 일자리 경쟁을 피할 수 없다고 결론짓는다. 사람이 일자리를 놓고 로봇과 경쟁하게 된다는 현실은 대다수의 사람이 원하는 직업을 갖지 못하거나 빼앗기게 된다는 의미다. 로봇을 디자인하고 소유하고 관리하는 분야에 종사하는 사람들 또한 필요하지만 이는 소수에 불과하다. 디지털 사회의 생산수단인 로봇과 자동화 알고리즘을 소유하고 관리하는 소수에게 사회의 부와 권력이 집중되는 현실이 이미 나

---

[8] 「George Packer, "No Death, No Taxes"」, ⟨The New Yorker⟩, 2011.11.28.

타나고 있다. '소비가 미덕'인 자본주의에서 실업자가 늘어나 소득이 없는 사람들이 늘어나면 상품 수요가 줄어들어 자본주의 경제가 작동하지 않게 된다. 다수가 일자리와 생활 임금을 갖지 못하면 자본주의를 유지할 수 없다. 로봇을 이용해 고용 없이 생산성이 높아지는 경제가 근본적으로 지속 불가능한 이유다.

브린욜프슨과 맥아피는 인간이 기계와의 경쟁에서 패하고 있다고 경고한다. 그리고 그에 대한 대안으로 모든 사람에게 기본소득basic income을 지급하는 방법을 제시한다.[9] 일정 소득 이하의 사람들에게는 세금을 걷는 대신 국가에서 일정 금액을 지급해주는 역소득세negative income tax 제도를 도입하자는 것이다. 이는 1976년 노벨경제학상을 받은 보수적 경제학자 밀턴 프리드먼이 1960년대에 제안한 개념으로 로봇이라는 생산수단을 소유한 소수 집단에게 집중될 부의 상당량을 세금으로 거둬들여 실업자와 저소득층에게 분배하자는 해법이다.

▎평생직업이 사라진 시대, 어떻게 일하며 살아야 할까

자본주의체제와 사회를 유지하기 위해 기본소득 지급 제도를 도입한다고 해서 로봇과 자동화 사회의 일자리 문제가 근본적으로 해소되는 것은 아니다. 자본주의체제를 유지하는 동력인 경제주

---

9 『제2의 기계 시대』, 에릭 브린욜프슨·앤드루 맥아피 지음, 청림출판, 2014.

체의 구매력과 소비성향은 해결되겠지만, 각 개인에게 적정한 소득을 보장하는 것만으로는 충분치 않다.

왜 사람에게 일자리가 필요한지는 프랑스의 계몽사상가 볼테르가 1759년 『캉디드 혹은 낙관주의』에서 명확하게 알려주었다. "노동을 하면 우리는 세 가지 악에서 멀어질 수 있으니, 그 세 가지 악이란 바로 권태, 방탕, 궁핍이라오."[10]

행복론 연구를 개척해온 영국 워릭 대학의 경제학자 앤드루 오즈월드Andrew Oswald 교수는 6개월 이상 지속되는 비자발적 실업만큼 정신 건강에 악영향을 끼치는 것은 없다고 말했다.[11] 실직은 배우자가 사망했을 때와 같은 최악의 상실감을 안겨준다. 실직으로 인한 정신 건강 악화의 주된 이유는 정체성 훼손과 자존감 상실에 있다. 실업으로 인한 금전적 소득의 상실은 그다지 영향을 끼치지 않는 것으로 조사됐다. 실업은 나중에 일자리를 되찾은 이후까지 심리적 상처를 남긴다.

하버드대 사회학 교수인 윌리엄 윌슨William J. Wilson은 1996년 저서 『일자리가 사라질 때When Work Disappears』에서 실업률이 높은 동네가 가난에 찌든 동네보다 더 황폐해진다고 지적했다. 범죄, 가족 해체, 복지 등 현대 미국 도심 빈민가의 많은 문제는 기본

---

10 『캉디드 혹은 낙관주의Candide, ou l'Optimisme』, 볼테르 지음, 이봉지 옮김, 열린책들, 2009.
11 「How a New Jobless Era Will Transform America」, Don Peck, 〈The Atlantic〉, 2010. 3.

적으로 일자리가 사라진 데서 비롯한 결과라는 것이다.

로봇이 일자리를 없애더라도 생산성이 높아지고 그로 인해 사회 전체적으로 부가가치가 늘어나면 역소득세나 사회복지와 같은 재분배 방법을 동원해서 사람들이 일은 덜 하면서도 소비와 여가는 더 많이 누릴 수 있다는 것이 로봇 문명을 낙관하는 사람들의 관점이다. 하지만 볼테르, 오즈월드, 윌슨이 지적한 것처럼 일자리 없이 안락함을 누리는 삶이 과연 더 행복한 삶일지는 의문스럽다. 노동이 자존감과 정신 건강에 갖는 의미를 생각하면 기본소득 보장과 같은 금전적 수단만으로 미래의 실업 문제를 해결하려는 것은 기본적으로 한계에 봉착한다. 소득은 있지만 자존감과 정체성 훼손에 직면할 다수의 사회 구성원들에게 적절한 일자리를 제공하는 것이 로봇 시대에 무엇보다 중요한 사회적 과제인 이유다.

20세기 영국의 철학자 버트런드 러셀Bertrand Russell도 1930년 저서 『행복의 정복Conquest of Happiness』에서 인간은 권태, 죄의식, 피해망상증 때문에 불행해진다며 열정, 사랑, 노력과 체념 그리고 일이 행복을 정복하는 중요 도구라고 주장했다. 행복하고 보람 있는 삶에 일이 필수적이라는 것은 굳이 부연할 필요가 없는 상식이다.

로봇과 자동화의 시대에도 공동체의 안녕과 구성원의 행복을 위해서 적정한 일자리가 필요하다는 사회적 필요는 뚜렷하다. 아무리 사회적 안전망이 있고 유산이나 기본소득으로 존엄한 삶을 유지할 수 있다 하더라도 수많은 일자리가 사라지거나 위협받을 미래에 상대적으로 안정적이고 자신에게 적합한 직업을 선택할 수 있다면 행운일 것이다.

갈수록 각종 자격증 취득과 공무원 시험 경쟁이 치열해지는 이유도 유사하다. 취업의 문호가 좁아지는 데다 대부분의 직업과 사업의 미래가 점점 불안해지고 있다는 점도 이런 현상의 배경이다.

앞서 영국 네스타의 「창의성 대 로봇」 보고서가 미래에 실직 우려가 낮은 '창의성이 중요한' 직업군을 선정한 것처럼 〈닛케이 비즈니스〉도 2013년 8월 로봇으로 대체가 불가능한 네 종류의 직업군을 선정했다.[12] 첫 번째는 로봇으로 대체할 수 없는 작업을 하는 직업군이다. 영화감독, 작가, 코미디언처럼 감정과 경험이 중요한 창조적 직업, 스시 장인이나 도예가처럼 규격 통일이 어렵거나 미묘한 힘 조절이 필요한 직업이다. 두 번째는 자동화할 필요가 없는 직업들이다. 프로야구, 프로축구, 스모선수, 모험가 등이 여기 해당한다. 세 번째는 기계화 사회에 필수적인 직업이다. 로봇 디자이너, 로봇 정비 기술자, 컴퓨터 프로그래머 등이다. 네 번째는 로봇이 하면 사람이 싫어할 일들이다. 의사, 간호사, 미용사 등 의료나 돌봄 서비스는 로봇이 할 수 있지만 사람들이 좋아하지

---

[12] 「곽노필의 미래창」 로봇이 라면 끓이면 사람 손맛보다 나을까」, 곽노필, 〈한겨레〉, 2013.9.11.

않을 가능성이 있다는 것이다.

각국의 미래예측 기관들이 추천한 '미래의 유망 직업'에서도 전망치가 엇갈리는 경우가 적지 않다. 여러 기관의 예측에서 로봇이 대체하기 가장 어려운 직업군은 행위예술가와 같은 즉흥성과 창의성이 핵심인 예술적 직업이다. 하지만 자동화와 로봇이 대중화하는 미래에 누구나 예술가나 작가가 될 수 있는 것도 아니고, 그 직업에 대한 시장의 수요가 그렇게 확산될 가능성도 적다. 누구에게나 직업이 필요하지만 개인마다 적성과 자질이 다르다. 직업 선택에서 중요한 것은 지금 시점에서 어떤 직업이 미래에도 안정성이 높고 유망할까가 아니다, 저마다 고유한 특성을 지닌 개인들에게 필요한 것은 오히려 직업과 미래를 바라보는 관점의 변화다. 누군가의 판단에 전적으로 의지하거나 과거의 잣대로 판단하는 것은 위험하다. 그래서 미래 사회를 지배하는 기술의 속성과 그 변화 추이에 대한 학습과 관심이 우선적으로 필요하다.

안정적 직업이나 직장을 선택해 일생의 업으로 삼는다는 것부터가 위험하다. 미래는 평생직장은 물론 평생직업이란 개념조차 존재하지 않는 세상이다. 디지털 시대를 관통하는 핵심 원리는 사회 모든 영역에 디지털로 인한 변화가 불가피해서 그 자장을 벗어나 사는 것이 어렵다는 점이다. 직업과 경력 역시 한번 목표로 설정하면 고정되는 것이 아니라 수시로 그 위치를 찾아내야 하는 이동 표적moving target이 된다. 변화가 빠르고 목표가 늘 가변적이라면 직업을 고려할 때도 과거와 달라져야 한다.

미래 예측은 불가능의 영역이지만 미래가 어떠한 윤곽으로 다가올지는 노력하는 만큼 파악이 가능하다. 미래 사회에서 각광받을 일자리의 상당수는 아직 개념조차 생성되지 않아 상상이 불가능한 경우가 많다. 카카오톡 같은 모바일 기반 메신저, 모바일 게임 앱, 모바일 광고 등은 스마트폰이 대중화하기 이전에는 오늘날의 인기를 누릴 것이라고 상상하기 어려운 영역이었다. 2004년 미국 동부 대학생들의 사교 네트워크로 출발한 페이스북도 스마트폰 세상이 올 것이라고는 생각지 못했다. 하지만 변화의 방향을 제대로 파악하고 변화를 적극적으로 수용하려고 분투한 기업들은 스마트폰 세상에서 최고의 수혜자가 되었다.

미래를 예측하고 그때 각광받을 직업을 선택하겠다는 생각은 두 가지 점에서 실현이 불가능한 몽상이다. 기본적으로 미래는 예측이 불가능한 영역이고 그때 어떤 직업의 시장가치가 높을지도 알 수 없다. 그렇지만 대부분의 직업이 자동화와 로봇이라는 지배적 환경을 피할 수 없다는 것은 분명한 사실이다. 유망 직업은 알 수 없지만 자동화와 로봇의 영향으로 크게 타격 입을 영역을 파악하기란 어려운 일이 아니다. 여러 절차와 단계를 거치더라도 규칙적인 작업 단위로 진행되는 일들은 자동화에 더욱 취약하다. 미래에는 사물인터넷과 각종 센서의 보급으로 지금보다 훨씬 정교하고 방대한 데이터가 생성될 것이다. 그러면 진입 장벽이 높고 복잡한 절차와 전문가의 노하우가 중요해 보이는 일자리도 계속 안정적 직업으로 남아 있기 어렵다.

모든 직업이 자동화에 노출되어 있다는 점을 이해하고, 평생직업 따위는 없다는 사실을 받아들이며, 그에 자신을 맞추는 것이 현명한 직업관이다. 규칙성과 반복성이 강한 직업은 우선적으로 피해야 하지만 이런 기준 역시 한시적 유효성을 지닐 따름이다. 이런 미래 환경에서 남들보다 일자리 경쟁에서 유리해지는 데는 몇 가지 팁이 있다.

첫 번째는 적극적인 최신 기술 수용과 이를 통한 새로운 과업의 발견이다. 이때 인공지능, 로봇 기술, 자동화의 구조와 질서를 탐구하고 적극적으로 수용해서 자신의 업무를 로봇 환경에 적응시키는 것이 중요해진다. 다시 말해 미세수술에 수술용 로봇을 활용하는 것처럼 자신의 영역에 최신 기술을 접목시킬 방법을 찾아나가는 것이다. 이제껏 해오던 직무를 더 정확하고 신속하게 해낼 로봇에게 맡기면 그동안 마주하지 못했던 새로운 과제나 미션을 떠올리고 그에 집중할 수 있게 된다.

두 번째 팁은 직업을 유지, 개선, 탐색하기 위한 지속적인 학습과 재교육이다. 평생직장이나 종신직이 불가능한 환경에서 가장 필요한 능력은 유연성과 평생학습자로서의 태도다. 아무리 자신의 직업 영역에서 최신 기술을 익히고 로봇을 능숙하게 활용하는 노력을 기울여도, 비행기 항법사의 운명처럼 개인과 해당 직군의 대응을 넘어서는 기술적 변화에 직면할 수 있기 때문이다. 이제껏 내가 알지 못하던 전혀 새로운 환경이 닥칠 수 있다는 것을 생각하고, 그런 상황에서 유연성을 발휘해서 새로운 길을 찾는 노력을 기울이는 것만이 답이다. 다양한 형태로 덮쳐오는 난국에서 유연성을 잃지 않고 창의적 방법을 찾아온 게 인류의 최대 장점이다. 이는 불가측성과 불안 요소가 가득한 미래의 직업 세계에서도 마찬가지로 요구되는 덕목이다.

마지막은 주위에서 함께 일하고 싶도록 덕성과 신뢰를 갖춘 사람이 되는 길이다. 로봇의 침투는 불가피하지만 여전히 마지막 결정과 관리는 소수의 사람이 담당하게 된다. 대부분의 작업을 기계와 알고리즘에 위임하는 상황에서 주요하게 고려되는 작업자의 자질은 인간적인 덕목일 것이다. 사람의 노동을 로봇이 하게 되면, 우리가 사람에게 무엇을 가장 기대하는지가 드러난다. 함께 일하고 싶은 '좋은 동료'로서의 가치가 더욱 중요해질 수밖에 없다.

ⓒ 『로봇 시대, 인간의 일』, 구본권 지음, 어크로스, 2015

작가 소개

구본권

한겨레 사람과디지털연구소 소장. 디지털 세계의 구조와 변화를 연구하며 인공지능과 알고리즘 기반 사회에서 기술과 사람이 건강하게 공존할 수 있는 방법을 모색하고 있다. 『로봇 시대, 인간의 일』 『디지털 시대 인문학의 미래』 등의 저서를 출간했다.

느낌들

바둑기사 이세돌과 인공지능 알파고의 대결이 텔레비전에 생중계되는 것을 지켜본 사람들은, 이 사건을 계기로 '미래사회와 4차 혁명'에 관한 뉴스들이 폭발적으로 증가했다는 사실을 부인하지 않을 것이다. 무엇보다 우리가 예상했던 것보다 훨씬 빠른 속도로 다가온 기술의 비약적인 발전은 미래에 대한 우리의 태도와 철학을 송두리째 바꿔 놓았다. 하지만 사람이 도구를 사용하는 시대에서 사람이 만든 도구 즉 기계가 일하는 시기로 이동하더라도, 인간의 질문이 가지는 중요성은 줄어들지 않을 것이다. 인공지능의 무수한 답변은 인간의 끊임없는 호기심이 물음의 형태로 바뀔 때 발생하는 것이니 말이다. 우리는 질문의 형태를 보다 근본적으로 바꾸어야 한다. 어떻게 일하며 살아야 할까가 아니라, 어떻게 살아야 할까로 말이다.

인구쇼크의 시나리오
과연 사람이 줄어드는 게 문제일까

KBS <명견만리> 제작진

🌱 지구상에서 제일 먼저 사라질 나라, 대한민국

여기 충격적인 22세기 대한민국 시나리오가 있다. 2100년, 5천만이 넘었던 인구는 반 토막이 난다. 인구 감소는 서울 지하철 노선도 바꿔놓아 9개 노선 중 4개가 폐선된다. 잠재성장률은 진즉에 0퍼센트대에 머물러 있고, 국민연금은 바닥을 드러낸 지 오래다. 국가 파산 위기 이후 세금과 공공요금은 날로 치솟고 있다. 국토의 절반, 사람이 살지 않는 지방도시들은 방치된 채 황폐화된다.

2400년, 한때 대한민국 제2의 도시였던 부산에서는 탈출 행렬이 일어난다. 이들은 도시의 기능이 마지막까지 남아 있는 경기권으로 이주한다. 2413년, 텅 빈 도시에 마지막 아기 울음소리만 들린다. 부산 성장을 상징했던 영도다리는 흉물로 변한다. 2505년, 천만 인구를 자랑했던 수도 서울에 마지막 시민이 태어난다. 그리고 2750년, 대한민국은 지구상에서 가장 먼저 소멸하는 나라가 된다.

이 시나리오를 보면 어떤 생각이 드는가? 현실성 없는 공상 같기도 하고, 황당하고 허무맹랑한 주장처럼 들릴지도 모르겠다. 다음 세대만이 겪을 먼 이야기로 들릴 수도 있다. 그러나 이것이 실제 벌어지는 일이고, 그리 머지않은 미래에 바로 우리가 맞닥뜨릴 위기라는 이야기를 들으면 생각이 조금 달라질지도 모른다.

이 충격적 시나리오는 얼마 전 우리 사회의 주요 기관들이 예측한 대한민국의 미래다. 삼성경제연구소의 2010년 보고서 「저출산 극복을 위한 긴급제언」은 2100년에 한민족 인구가 절반으로 줄고, 2500년에는 인구가 33만 명으로 줄어 장기적으로는 소멸할 우려가 있다고 경고한다. 국회 입법조사처가 분석한 2014년 보고서 「대한민국 향후 총 인구변화」 또한 암울하기는 마찬가지다. 120년 후인 2136년 우리나라 인구는 천만 명으로 줄어들고, 2750년이면 대한민국에 사람이 살지 않는다. 이는 500여 년 동안 합계출산율이 1.19명_{2013년 수준}으로 유지될 때의 인구구조 변화다.

세계 유수의 기관 또한 대한민국의 '인구 위기'를 경고한다. 2009년 유엔미래포럼에서 발간한 『유엔미래보고서 2』는 심각한 저출산으로 인해 2305년이 되면 한국에는 남자 2만 명, 여자 3만 명 정도만 남게 될 것이라고 내다봤다. 2006년 영국 옥스퍼드 대학 인구문제연구소가 꼽은 '지구상에서 제일 먼저 사라질 나라' 또한 대한민국이다.

이 위기는 먼 미래의 일이 아니라 조만간 마주할 현실이다. 시골뿐 아니라 도심에서조차 아이들 울음소리가 사라지고 있다. 우리나라 제2의 도시 부산은 이미 인구의 14퍼센트가 노인이고, 1.09명 2015년 부산 기준 수준의 합계출산율이 지속된다면 대한민국에서 제일 먼저 사라지는 도시가 된다.

우리나라에서는 현재 급격한 고령화와 낮은 출산율 문제가 동시에 발생하고 있다. 출산율은 세계 224개국 중 하위 20개국 안에 들 정도로 심각하다. 초등학교 졸업앨범만 봐도 아이들이 줄어들고 있음을 실감한다. 2부제 수업, 콩나물시루 교실은 옛말이고, 지금은 한 반에 학생 수가 30명이 채 안 된다. 지방뿐 아니라 서울에서도 입학생이 줄어 초등학교를 통폐합한다는 이야기가 들린다.

국회 예산정책처에 의하면, 저출산·고령화가 지금 추세로 이어지면 2033년 국가재정 파산 위기가 오고, 2060년에는 잠재성장률이 0.8퍼센트로 떨어진다.

이 변화는 청년세대가 줄어들면서부터 시작되었다. 지난 10년간 우리 사회를 짊어질 15~29세 청년 인구 65만여 명이 줄었다. 이는 서울의 종로구·중구·서대문구가 통째로 없어진 것과 맞먹는 수치다. 이제까지 이토록 급속하게 청년 인구가 줄어든 역사적 시기가 없었다. 우리 사회에서 청년이 사라지고 있다. 이 '청년 실종'은 무엇을 의미할까?

그 답을 찾기 위해 우리보다 먼저 청년 숫자가 줄고, 세계에서 최고로 인구 고령화가 진행된 일본으로 가보자. 초고령사회 일본을 통해, 청년이 사라진 사회의 미래를 짐작해볼 수 있을 것이다.

유령도시로 변해가는 일본 신도시들

도쿄 도심에서 불과 40분 거리에 있는 다마 시는 1970년대 도쿄권역에 지어진 최초의 위성도시다. 이곳에는 대규모 아파트 단지가 밀집해 있었고 한때 도쿄로 출퇴근하는 사람들로 가득 찼었다. 그러나 30만 인구에 달했던 도시에서 12만 명이 넘는 사람들이 빠져나간 지금은 거리의 인적조차 드물다.

한때 입주 희망자가 넘쳤지만 이제는 빈집이 넘쳐난다. 15층짜리 아파트 한 동에 다섯 가구만 사는 것은 특별한 일도 아니다. 주민들이 하나둘씩 사라지면서 이웃 간의 관계도 단절됐다. 이곳에 남아 있는 주민 대부분이 혼자 사는 노인이다 보니 시설로 들어가는 경우가 많다. 반면 새로 입주하려는 젊은 사람은 없어 빈집이 점점 늘어간다.

사람의 온기가 사라진 다마 시는 유령도시로 변해가고 있다. 인적이 드물어 을씨년스럽기도 하지만, 더 큰 문제는 생활하기가 몹시 불편하다는 것이다. 빈집이 많아진 만큼 가구당 관리비가 늘었다. 조금이라도 관리비를 줄이기 위해 엘리베이터도 격층으로 운행된다. 주민이 너무 줄어들다 보니 쓰레기 수거, 도로 보수, 상수도 수리 같은 일반적인 서비스도 힘들어졌다. 재건축은 꿈도 못 꾸고, 결국에는 철거만 기다리고 있는 실정이다.

다마 시는 1990년대 초 부동산 거품으로 집값이 다섯 배, 많게는 열 배까지 올랐던 곳이다. 하지만 거품은 순식간에 꺼졌다. 최고가 2,500만 엔약 2억 6천만 원을 호가하던 집들이 이제는 500만 엔약 5천만 원 이하로 떨어졌다.

청년 인구가 늘어날 때는 주택난 해결을 위해 신도시 건설이 필요했다. 하지만 자가 보급률이 100퍼센트를 넘은 뒤에도 일본 정부는 건설 경기 부양을 계속했다. 내수를 진작시키기 위해 금리를 파격적으로 내리자 싼 금리로 빌린 돈이 부동산으로 몰렸다. "도쿄 시의 4분의 1만 팔아도 미국 땅 전부를 살 수 있다"라는 말까지 있을 정도로 일본의 부동산 버블은 극심해졌다.

그러나 이미 집을 사는 청년 인구가 줄어든 데다, 거품으로 인해 집값을 감당할 수 없었던 젊은층들이 주택 구입을 포기했다. 부동산 버블은 순식간에 꺼졌고, 파격적인 저금리로 거품 낀 주택을 구입했던 중산층들은 '하우스푸어'로 전락했다. 그리고 지금 일본의 많은 신도시가 다마 시와 같은 공동화 현상을 겪고 있다.

▮ '인구병人口病'에 걸린 나라는 어떻게 되나

일본은 1990년대 부동산 버블 붕괴로부터 시작된 불황이 지금까지도 계속되고 있다. 일본에서는 이 장기불황의 원인을 '진코뵤人口病' 곧 인구병에서 찾는다. 인구 변화가 국토, 사회, 경제, 문화를 바꾸고 불황을 심화시키고 있다는 것이다.

인구병은 일본 곳곳의 풍경을 바꿔놓았다. 도쿄 중심가인 도시마 구에 위치한 스가모 시장은 '노인들의 하라주쿠'로 불린다. 연간 900여만 명의 사람들이 찾는 이 시장에서는 노인이 종업원이고 사장이며 손님인 풍경이 익숙하다. 800미터 남짓한 시장 거리에는 200여 곳의 노인용품 가게가 밀집해 있다.

스가모 시장의 대표 상품은 '빨간 팬티'다. 일본어로 '아카판츠赤パンツ'라고 하는데, 붉은색 복대를 배꼽 아랫부분에 두르면 혈을 자극한다고 한다. 하반신이 따뜻해져서 수족냉증, 요통 등에 효과가 있다는 것이다. 이 '빨간 팬티'는 건강에 좋을 뿐 아니라 액운을 막아주고 무병장수하게 해준다는 의미까지 더해져 일본 노인이

라면 누구나 하나씩 가지고 있는 제품이 되었다.

   제품만이 아니다. 스가모 시장은 주요 고객인 노인들이 편하게 다닐 수 있도록 도로의 턱을 없애고, 글자 또한 크게 써서 잘 보이도록 배려했다. 지하철역 에스컬레이터도 노인들에 맞춰 속도를 늦췄다. 커져가는 실버시장을 잡기 위해서다.

   하지만 북적이는 스가모의 이면은 다르다. 시장 뒷골목에서는 초등학교 철거공사가 한창이다. 학생 수가 줄어들자 인근 초등학교를 통폐합하기로 결정했기 때문이다. 지난 50년 동안 도시마구의 초·중학생 80퍼센트가 사라졌다. 이 추세대로라면 도시마구는 도쿄에서 가장 먼저 소멸하게 된다.

   일명 '마스다 보고서'로 알려진 『지방 소멸』_{일본의 전 총무장관 마스다 히로야가 쓴 인구예측 보고서, 2014}에 의하면, 지금과 같은 인구 감소 추세라면 2040년까지 일본의 1,800개 지자체 가운데 절반가량이 자치기능을 잃고 소멸할 것이라고 한다. 일본 전체 국토의 61퍼센트에서 사람의 흔적이라고는 찾아볼 수 없게 되는 것이다.

   여기서 핵심은 도심에서마저 인구가 줄어들고 있다는 점이다. 일찍이 인구가 꾸준히 감소해왔던 지방에서는 수십 년간 인구 감소를 막기 위한 대책을 펼쳐왔다. 하지만 지방에서 태어난 청년들은 결국 도시로 떠나갔고, 이제는 도시에 사는 청년들마저 결혼하지 않고 아이도 낳지 않는다. 인구 감소 대책을 단순한 지원정책

정도로 생각해서 드러난 한계다.

지난 1990년 일본의 생산가능인구_{총인구 대비 경제활동을 할 수 있는 15~64세 인구} 비중은 69.7퍼센트로 최고점을 기록한 이후 급격히 하락하기 시작했다. 이에 부동산 가격, 경제성장률도 동반 추락했다.

왜 이런 일이 발생했을까? 가장 큰 원인은 청년 인구 감소에 있다. 불황 20년 동안 청년 인구의 3분의 1이 줄었다. 만 20세 진입 인구가 1990년 270만 명에서 2013년 122만 명으로 감소했다.

인구가 많았던 앞 세대는 그만큼 경제 규모도 컸다. 그런데 베이비붐 세대의 은퇴 이후 이들을 뒷받침할 청년세대는 충분하지 않다 보니, 경제·소비 규모도 같이 줄어들 수밖에 없었다. 이러한 '인구절벽' 현상은 전 세계적으로 인구의 많은 비중을 차지하는 베이비붐 세대가 한꺼번에 은퇴하면서 더욱 가속화되고 있다.

부양의 의무 vs 복지의 혜택

그렇다면 일본 청년들의 삶은 어떨까? 청년 인구가 줄었으니 경쟁이 줄어 그만큼 편해지지 않았을까? 진학도 쉬워지고 취업문도 넓어지는 등 사회생활에 이점이 있지 않을까? 지금은 이런 질문이 얼마나 어이없는지 누구나 알고 있다. 하지만 불과 10여 년 전만 해도 전망은 달랐다.

경제학자 마쓰타니 아키히코의 책 『고령화·저출산 시대의 경제공식』(2005)을 보면 청년인구 감소로 인한 장밋빛 전망이 그득하다. 일할 사람이 줄어들면 노동력이 귀해질 것이므로 기업은 임금을 올리고 근무시간을 단축할 것이며, 기업 복지 또한 늘릴 것이라고 말이다.

하지만 예측은 보기 좋게 빗나갔다. 기업은 임금을 올린 게 아니라 삭감했다. 1990년대 후반부터 15년 동안 근로자 임금이 15퍼센트나 감소했다. 고용 형태 또한 더욱 악화되어, 일하는 청년 3명 중 1명이 비정규직이 되었다.

그러다 보니 학교를 다니지도, 일하지도 않는 청년 무직자, '니트NEET: Not in Education, Employment or Training'가 늘어만 간다. 이들은 대략 60만 명대로 추산되는데, 그 가운데 대학 졸업자도 상당수다.

청년들의 삶을 짓누르는 문제는 그뿐 아니다. 노동시장에서 소외된 청년들은 늘어난 노년층의 부양 부담까지 짊어져야 할 처지에 놓였다.

오오하시 준코(67세) 씨는 도쿄의 폐교된 초등학교를 리모델링한 실버타운에서 거동이 불편한 어머니 시미코 씨(91세)와 함께 살고 있다. 이곳에 거주하는 노인 대부분은 연금으로 집세와 생활비를 충당한다. 준코 씨 모녀 또한 한 달 생활비 35만 엔약 350만 원의 상당 부분을 연금으로 충당하고 있다. 장애가 있는 준코 씨는 국민연금과 장애연금을 합쳐 120만 원 정도를 매달 수령한다. 어머니 시미코 씨는 사망한 남편이 직장에 들어둔 후생연금을 대신 받고 있다.

여러 층으로 이뤄진 이 공적연금이 일본 노인들의 주요 소득원이다. 노인 가구의 월평균 가계수입은 180만 원 정도이며, 이 수입의 90퍼센트가 바로 연금에서 나온다.

그런데 일본의 연금 수급자가 빠르게 증가하고 있다. 국내 총생산GDP의 10퍼센트가 넘는 액수인 678조 원이라는 돈이 매년 노령연금으로 사용된다. 이는 전체 복지예산의 70퍼센트 이상이다. 1억 인구를 돌파한 1,960년대 말까지만 해도 일본은 40명의 청년들이 노인 1명을 부양해야 한다. 그러나 지금은 청년 2.5명이 노인 1명을 부양하는 꼴이었다. 그러다 보니 매해 빠르게 늘어나는 노령연금의 절반을 국채로 충당한다. 빚을 내서 노인복지를 하는 것이다.

일본은 지금 사회적 재원을 총동원해서 인구의 4분의 1인 노년층을 지탱하고 있다. 국가 재원이 노년층에 집중되다 보니 청년을 위한 정책이나 재원 마련은 더욱 힘들어졌다. 부양 의무만 있고 복지 혜택은 없는 청년들, 일본 젊은이들은 가난해질 수밖에 없는 구조 속에 놓여 있다.

여기에 더해 평균 수명이 너무 길어지면서, 윗세대의 자산이 아랫세대로 전달되지 않는 구조도 중요하게 지적되고 있다. 일본의 경제학자 모타니 고스케는 이렇게 말한다.

"부모가 사망해 자녀가 자산을 상속받을 때, 자녀의 평균 연령이 67세라는 조사 결과도 있다. 그러면 그 자녀도 돈을 쓰지 않는다. 결국 고령자들 사이에서만 돈이 돌고 젊은 사람에게는 내려가지 않는 구조다. 이 문제를 해결하려면 상속세를 높여야 한다. 그 세금으로 청년 복지를 지원하는 것이다. 혹은 상속세를 높이면서 살아생전에 '증여'하는 장치를 늘릴 수도 있다. 핀란드는 손자상속제도가 있다. 이런 제도가 빈부격차를 더 부추긴다는 의견도 있지만, 핵심은 경제적 여유가 있는 고령자의 자산이 청년에게 돌아가는 구조를 만드는 것이다."

▮ 왜 실버시장은 활발해지지 않을까?

그러면 일본의 노인 세대는 부양받지 않으면 심각한 생활고에 시달릴 수밖에 없는 상황일까? 지금 일본 사회의 가장 큰 이슈 중 하나가 '하류' 생활을 할 수밖에 없는 노인들에 대한 문제다. 그렇다고 해도 평균적으로 일본 노인들은 대단한 부자들이다. 지금의 은퇴자들은 1955년부터 1970년에 이르는 일본의 고도성장기를 이끌며 부를 축적한 세대이기 때문이다. 무려 1,600조 엔에 달하는 일본의 가계금융자산 중 60퍼센트 이상을 65세가 넘은 노인들이 갖고 있다. 때문에 일본 정부는 이 노년층에 기대어 경기를 부양하고자 실버시장을 활성화시켰다. 하지만 기대만큼 효과가 크게 일어나지 않고 있다. 그 이유는 무엇일까.

어쩌면 그 답은 개인금고가 산처럼 쌓인 한 장의 사진에서 찾을 수 있을 것이다. 2011년 쓰나미 피해 지역에서 수거된 이 금고들 중 5,700여 개가 주인을 찾았다. 이때 반환된 금액이 무려 331억 원에 달했다. 그만큼 엄청난 자금이 묶여 있었다는 뜻이다.

고령화 시대에 소비자를 지배하는 건 불확실성이다. 평균수명이 60세이던 때에는 목돈이 없어도 은퇴 후 여생을 사는 데 무리가 없었다. 하지만 평균수명이 늘어나면서 은퇴한 뒤로도 30년가량을 더 살아내야 하는 시대가 왔다. 미래가 불안한 노인들은 소비나 투자에 지갑을 여는 대신 개인금고를 마련했고, 이것이 일본의 내수시장 침체로 이어졌다.

그렇다고 청년세대가 그 소비 규모를 대체할 수도 없다. 수적으로도 적을뿐더러 경제위기 때마다 취약계층으로 몰렸기 때문이다. 그리고 청년의 고용환경이 악화될수록 일본의 불황 또한 심화되었다.

청년들의 고용환경과 국가경제는 어떤 관계에 있을까? 어느 번성했던 공업도시의 몰락 과정이 그 상호관계를 잘 보여준다. 일본 지바 현의 모바라 시. 최근 몇 년 사이 1,500명이 넘는 사람들이 이 도시를 떠났다. 한때 전자산업의 메카였던 모바라 시에는 파나소닉, 도시바 등 일본 굴지의 대기업 공장들이 있었다. 이곳 주민 대부분이 전자회사의 노동자였다. 하지만 일본 전자산업이 경쟁력을 잃으면서 도시의 모습은 완전히 바뀌었다.

기업들은 불황을 타개하기 위해 가장 먼저 인건비를 줄였다. 신규 채용이 줄어들었고, 고용의 질도 점점 나빠졌다. 많은 정규직이 파견직으로 전환됐다. 그 가운데 젊은이들이 가장 큰 타격을 받았고, 많은 청년이 도시를 떠났다.

취업률은 40~50퍼센트대로 떨어졌고, 1,000명이 넘는 노동자가 비정규직이다 보니 지역경제 활성화에는 별다른 영향을 미치지 못했다. 주민 소득이 감소하면서 주변 상가의 절반 이상이 문을 닫고 도시를 떠났다. 월급날이면 쇼핑하거나 외식 나온 사람들로 북적이던 상점가는 이제 을씨년스럽기만 하다. 청년이 사라진 도시는 휘청거리고 있다.

기성세대들이 만들어놓은 경제구조에서 청년들이 소외되는 배경에는 파견법이 큰 몫을 차지한다. 1985년 파견법 제정 당시에는 일부 업종에만 파견이 허용되었으나 지금은 항만·건설·의료 같은 일부 산업을 제외하고는 모두 허용됐다. 많은 기업이 정사원을 비정규직으로 빠르게 바꿔나갔다. 그리고 그 피해는 상당 부분 청년의 몫이었다. 2007년 기준으로 일본 파견노동자 350여만 명

중 약 68퍼센트가 34세 미만 청년들이다.

정규직 임금의 60퍼센트 정도의 임금을 받는 비정규직 청년이 늘다 보니 일하는데도 가난한 '워킹푸어'가 형성되었다. 가계소비도 덩달아 줄어들고, 불황은 더욱 심화되었다. 청년들의 고용환경 악화가 다시 불황을 심화시키는 악순환이 반복되고 있다.

왜 인구정책의 타이밍을 놓치게 되는가?

과거 일본은 세계경제 1위를 넘볼 정도로 엄청난 경제성장을 이루었다. 당시 일본의 경제·사회를 앞으로 밀고 나간 성장 동력은 다름 아닌 청년세대였다. 하지만 선배 청년들과 달리 지금의 청년세대는 활기를 잃고, 피곤하고 무기력하다.

현재 일본의 많은 청년이 꿈을 꾸지 않는다. 한 치 앞도 내다볼 수 없는 불안정한 삶은 5년, 10년 후의 미래를 계획하는 것조차 무의미하게 만들었다. 청년들이 기성세대가 이룬 성장을 이어갈 수 없게 되자 많은 문제가 발생하기 시작했다. 취업이 안 되니 결혼도 못 하고, 결혼을 못 하니 아이도 낳지 않는다. 청년세대의 빈곤이 출산율 감소로 이어졌다.

인구정책은 타이밍이 중요하다. 인구 변화는 늘든 줄든 추세가 전환되는 데 상당 기간이 필요하기 때문이다. 그뿐 아니라 비용도 엄청나서 단기간에 해결할 수 없는 백년대계다. 당장 눈앞의 현재가 아닌 앞으로의 가능성에 투자하는 것이기에 정책 효과가 짧은 시간에 가시화되지 않는다. 그러다 보니 타이밍을 놓쳐버리는 국가들이 많다. 일본이 그 대표적인 사례일 뿐, 이는 한 국가만의 문제가 아니다.

그렇다면 일본은 줄어드는 청년 인구를 넋 놓고 바라보고만 있었던 걸까? 그렇지 않다. 2009년 총선 당시 민주당은 핵심 공약으로 소득 제한 없는 어린이수당 등 미래세대 복지를 내세웠다. 가정을 꾸리기도 힘들 만큼 어려웠던 청년들은 민주당의 정책을 반겼고, 이를 기반으로 민주당은 정권 교체에 성공했다. 하지만 개혁의지를 확고하게 내세웠던 하토야마 내각은 정권 교체 후 재정 부족을 이유로 공약을 대폭 수정해버렸다.

미래세대로 복지의 축을 이동하자는 이야기는 1990년대부터 이미 있었다. 하지만 정치인들은 수적으로 적은 유권자인 청년층의 손을 들어주지 않았다. 정치권은 투표율이 높은 고령자 우선 정책을 폈고 그 정책이 경제불황을 해결하지 못했다. 계속되는 불황은 저출산을 불러오고, 저출산이 불황을 심화시키는 악순환이 이어졌다. 그렇게 일본은 인구정책의 골든타임을 놓친 채 장기불황의 늪에 빠졌다.

최근에 일본 정부도 사태의 심각성을 깨닫고, 열도 인구가 적어도 1억은 유지돼야 한다는 마지노선을 내놓았다. 하지만 청년이 사라지는 인구구조가 사회 유지와 성장을 가로막는다는 걸 너무 늦게 깨달았다. 그리고 그 대가는 상상을 초월한 형태로 사회 전반에 반영되고 있다.

인구 감소 문제, 더 자세히 보아야 보인다

청년이 사라질 때 한 나라의 경제·사회·문화가 얼마만큼 흔들리는지에 대해 지금까지 살펴보았다. 갑작스럽게 인구절벽을 맞은 일본은 성장 동력이 멈춰선 채, 20년 넘게 불황이 계속되고 있다. 신도시에서는 공동화 현상이 일어났고, 많은 초등학교가 실버타운으로 변했다. 경기 침체와 부양 부담은 소수가 된 청년들을 짓누른다. 임금이 줄고 비정규직이 늘어나는 등 노동시장에서 청년들은 점점 취약 계층으로 내몰린다. 그와 함께 일본은 더 깊은 인구절벽으로 떨어지고 있다.

일본이 초고령사회라는 사실을 많은 이들이 알고 있다. 그러나 그 사회가 어떤 모습인지, 어떤 이유로 그 문제를 해결하지 못하고 있는지에 대해서는 잘 모른다. 그런데 일본에서 일어나는 일이 시차를 두고 우리나라에서도 일어날 예정이다. 2016년 대한민국은 생산가능인구가 정점에 도달하고 2018년 인구절벽을 맞게 된다.

2015년 기준 대한민국 전체 인구 중 생산가능인구는 73.0퍼센트다. 그러나 2060년이면 49.7퍼센트까지 떨어진다. 생산가능인구 비중이 세계 10위에서 199위로 급락하는 것이다.

문제는 일본보다 더 심각한 현상이 벌어질 수도 있다는 것이다. 2015년 대한민국의 합계출산율은 1.25명으로, 같은 시기 1.40명을 기록한 일본보다 낮다. 고령화 속도 또한 빨라서 2060년 무렵에는 한국의 고령화가 일본을 추월할 것이라는 보고도 있다.

그런데 정작 결혼과 출산의 당사자인 청년들의 삶은 점점 더 각박해지고 있다. 현재 우리나라는 노동자의 3분의 1이 정규직 월급의 절반을 받는 비정규직이다. 청년들의 고용환경은 더욱 취약하다. 일하는 청년 3명 중 1명이 비정규직이고, 청년 10명 중 1명은 실업 상태다. 현대경제연구원의 조사에 따르면, 한국의 니트족은 지난 10년간 4배나 증가하여 86만 명에 이르는 것으로 추산됐다.

2010년 한국은행 금융경제연구원에 따르면, 실업률이 1퍼센트 오르면 결혼은 최대 1,040건 줄어든다고 한다. 또한 임시직 비율이 1퍼센트 오르면 결혼은 330건 줄어든다고 한다. 청년 고용과 인구문제의 깊은 연관성을 보여주는 흥미로운 결과다. 인구 감소 문제의 열쇠를 쥔 청년들의 삶을 면밀히 들여다보아야 할 때다. 청년문제를 디테일하게 들여다보지 않으면 어떤 해결책도 나올 수 없다. 그러나 지금까지의 청년정책은 윗세대의 막연한 짐작과 그들 세대의 경험에 근거하는 경향을 보여 왔다.

무엇보다 지금 당장 현재 아이를 기르는 젊은 부모들이 편하게 양육할 수 있는 환경을 마련해야 한다. 이들의 고생을 외면한다면, 아무리 출산 장려 구호를 외쳐댄다 해도 빈 메아리만 돌아올 뿐이다. 인구정책은 타이밍이라는 말처럼, 아직 기회가 있을 때 미래세대를 위한 적극적 조치가 필요하다.

그나마 다행인 것은, 우리에게는 '일본이라는 교과서'가 있다는 점이다. 이제라도 우리는 일본의 실패를 반면교사 삼아 인구정책의 새로운 길을 찾아야 한다. 일본은 인구 1억 명 사수를 외쳤지만, 인구문제는 규모의 문제가 아니라 청년이 사라지는 구조의 문제라는 것을 너무 뒤늦게 깨달았다. 우리는 깨닫고 있는 걸까?

장수사회는 인류가 이룩한 위대한 업적이다. 의료기술의 발달과 복지제도의 확산은 사회 구성원 모두 건강하고 행복하게 오래 살 수 있는 길을 마련해줬다. 우리가 이룩한 이 놀라운 결과가 다른 한편에서 우리 사회의 발목을 잡지 않도록, 새로운 선택이 필요하다.

ⓒ 『명견만리 – 인구, 경제, 북한, 의료 편』, KBS 〈명견만리〉 제작팀 지음, 인플루엔셜, 2016

작가 소개

KBS 〈명견만리〉 제작진

〈명견만리〉는 한국사회와 지구촌이 직면한 변화의 흐름을 읽어내고 내일의 비전을 제시하는 렉처멘터리 Lectur+Documentary 프로그램이다. 한국은 물론 북유럽의 작은 마을까지 샅샅이 파헤치는 취재, 저인망식 자료조사 등이 바탕이 된 탄탄한 콘텐츠로 화제가 되었다.

느낌들

오늘날 국제정세가 국내에 미치는 영향은 더욱 긴밀해졌다. 예전에 비해 국제 뉴스가 높은 비중으로 다루어지는 것도 이런 현상을 반증하는 예다. 인구증가율을 우려하며 산아제한정책을 대대적으로 홍보하던 시절을 기억하던 이들에게 오늘날의 인구 감소에, 미래에 대한 우울한 전망은 기인한 역전 현상으로 여겨질 수 있다. 저출산 고령화를 여성과 노인의 문제로 축소해서 치부해 버린다거나, 이웃나라에서 일어나는 인구병을 남의 일로만 여긴다면 우리는 미래에 대해 아무것도 배울 수 없고 전망할 수 없을 것이다.

마중물 독서 3

배움과 미래에 대하여

1판 1쇄 발행 2017년 9월 15일
1판 2쇄 발행 2018년 11월 27일

엮은이	류대성, 왕지윤, 서영빈
펴낸이	한기호
책임편집	이은진
편집	박주희
마케팅	연용호
경영지원	김윤아
디자인	김경년
인쇄	예림인쇄

펴낸곳 (주)학교도서관저널
출판등록 제2009-000231호(2009년 10월 15일)
주소 121-839 서울시 마포구 동교로 12안길 14(서교동) 삼성빌딩 A동 3층
전화 02-322-9677 팩스 02-322-9678
전자우편 slj9677@gmail.com
홈페이지 www.slj.co.kr

ISBN 978-89-6915-040-0 (04800)
       978-89-6915-037-0 (세트)

·이 도서의 국립중앙도서관 출판예정도서목록(CIP)은 서지정보유통지원시스템 홈페이지(http://seoji.nl.go.kr)와 국가자료공동목록시스템(http://www.nl.go.kr/kolisnet)에서 이용하실 수 있습니다. (CIP제어번호 : CIP2017023093)
·이 책에 실린 글들은 저작권자로부터 사용 허가를 받고 계약에 따른 사용료를 지급한 것입니다.
·책값은 뒤표지에 있습니다.